Hinsen/Rüster

Mein Standpunkt

Mein Standpunkt

zu Gott und der Welt

herausgegeben von
Peter Hinsen und Robert Rüster

Paul Pattloch Verlag, Aschaffenburg

© 1986 by Paul Pattloch Verlag, Aschaffenburg
Satz, Druck und buchbinderische Verarbeitung:
Druckerei Rehe GmbH, Aschaffenburg
ISBN: 3-557-91368-6

Vorwort

„**E**inen sicheren Stand zu haben ist unbedingte Voraussetzung", erklärt der Gesangslehrer seinen Schülern. Er hat
recht. Wer beobachtet, mit welcher Sorgfalt ein Sänger für sich die
entsprechende Positur sucht, bevor er zu einer Arie oder einem
Liedvortrag anhebt, findet dies bestätigt. Das Gleichgewicht muß
stimmen, auch temperamentvolle Gestik darf die Sicherheit nicht
gefährden. Die ganze Person soll gut geerdet sein.

Das gilt für das Leben insgesamt. Jeder entwickelt seine eigene
Methode, um für sich seinen Standpunkt zu suchen. Das ist auch an
den Beiträgen dieses Buches zu spüren. Sie sind zunächst im „Main-
Echo" erschienen, der großen Tageszeitung vom Untermain. Obwohl der jeweilige Standpunkt sehr unterschiedlich ist, häufig auch
von der Tagesaktualität bestimmt, ist es dennoch immer der gleiche
Boden, der Standfestigkeit verleiht: die Botschaft des Evangeliums.

„Mein Standpunkt!", so bekennt jeder Autor. Standfestigkeit hat
jedoch nichts mit Unbeweglichkeit oder gar Sturheit zu tun, sie er-
möglicht erst echte Freiheit, ermutigt zu Aktivität. Was hier vorge-
legt wird, muß nicht in jedem Fall auch der Standpunkt des Lesers
sein. Aber vielleicht helfen diese Zeugnisse auch ihm beim Ausba-
lancieren seines Gleichgewichts, vielleicht entdeckt er neu, welche
Sicherheit der christliche Boden verleihen kann.

Die Herausgeber

Inhalt

Wort und Antwort

Seht die Vögel! Schaut Blumen an!

Endlich ein schöner Sommertag. Die Strahlen der aufgehenden Sonne fallen schräg durch die Bäume im Garten. Die Gänseblümchen im Rasen empfangen sie mit weit geöffneten Blüten, strecken sich aus nach Wärme und Licht. Die Amsel auf dem Kirschbaum vor dem Haus begrüßt singend den neuen Tag. Ihr sorgloses Lied steckt an. Die Regenwolken von gestern sind vergessen. Der Weg in die Arbeit von heute fällt leicht.

»Sorgt euch nicht um euer Leben«, sagt Jesus. An diesem Morgen bin ich offen für seine Sorglosigkeit und mein Auge folgt gerne seiner Aufforderung: »Seht die Vögel unter dem Himmel an: sie säen nicht, sie ernten nicht, sie sammeln nicht in die Scheunen und euer himmlischer Vater ernährt sie doch . . . Schaut die Lilien auf dem Feld an, wie sie wachsen, sie arbeiten nicht, auch spinnen sie nicht. Ich sage euch, daß auch Salomo in aller seiner Herrlichkeit nicht gekleidet gewesen ist wie eine von ihnen« (Matth. 6,26.28.29).

Das kann auch als Einladung zu einem leichtsinnigen Lebensstil verstanden werden, nach dem Motto: »Es wird alles schon irgendwie gehen«. Aber auf das Wort Jesu von den »Vögeln unter dem Himmel« sollte man sich dabei besser nicht berufen.

Wieviel Arbeit ist doch damit verbunden, wenn zum Beispiel eine Amsel das Nest für ihre Jungen baut! Wieviele Gräser sind nötig, bis es endlich fertig ist! Wie oft muß der Vogel fliegen, um das nötige Baumaterial heranzuschaffen. So leistet er sorgfältig und fürsorglich seine Arbeit und tut, was zu tun ist, freilich ohne sich heute von der Sorge um morgen verzehren zu lassen.

Mit den Lilien auf dem Feld ist es nicht anders. Sie stehen einfach da, diese Blumen, bescheiden wie das Gänseblümchen im Rasen, bedürfnislos und unbedeutend. Doch welche Entbehrungen werden ihnen abverlangt. Schon der junge Trieb ist den Einflüssen des Wetters schutzlos ausgeliefert. Er muß Nährstoffe und Wasser aus dem Boden saugen, muß Hitze und Kälte, Trockenheit und Nässe ertragen, um dann seine Blüte entfalten zu können, sorglos und ohne Angst vor dem Verblühen.

Wenn Jesus auf die Sorglosigkeit der Vögel und Lilien hinweist, dann ruft er nicht dazu auf, die Dinge einfach laufen zu lassen, sondern macht uns Mut, das zu tun, was heute von uns gefordert ist, von jedem an dem Platz, an dem er steht: in der Sonne oder im Regen, im Wachsen und Reifen, im Blühen und im Verblühen . . . Was wir da jeweils füreinander tun können, das sollen wir schon tun — im Vertrauen darauf, daß Gott weiß, was wir brauchen und was gut ist für uns.

»Sorgt euch nicht um euer Leben!« Darin liegt eine unerhörte Zumutung, aber auch eine befreiende Ermutigung für uns: Es ist die Einladung, dankbar und mit ungeteilter Aufmerksamkeit für den jeweiligen Tag, für die jeweilige Aufgabe, für die jeweiligen Menschen da zu sein, die uns begegnen. Gerade in den Dingen des Alltags, die uns oft so aufreiben, dürfen wir mit Gott, unserem Schöpfer und Erhalter, rechnen. Oder wie es ein Christ unserer Tage einmal ausgedrückt hat: »Gott weiß, daß ich da bin — und das genügt«.

Robert Rüster

Die Ahnung der Frauen

Daß Frauen zuweilen den »siebten Sinn« besitzen, mag ein Vorurteil, eine belächelte Behauptung sein. Und doch: Hinter dieser Vermutung steht so manche Erfahrung, sei es die der Kinder, der Ehegatten und anderer Nahestehender, aber auch der Heiligen Schrift. Denn die darin erwähnten Frauen zeichnen sich dadurch aus, daß sie von einer Ahnung, von einem zunächst nicht überprüfbaren Wissen um kommende Dinge ergriffen sind. Dies gilt für das Alte ebenso wie für das Neue Testament.

An Rebekka, die durch ihre Bereitschaft zur Mutter der zwölf Stämme Israels wurde, sei hier erinnert, aber auch an die Prophetin Debora. Als »Mutter in Israel« offenbart sie den Willen Gottes und führt durch ihren vom Wort Gottes getränkten Rat das Volk aus der Bedrängnis in vierzigjährigen Frieden.

Ruth zeichnet sich durch ihre Glaubenstreue aus: »Dein Gott ist mein Gott«. Mit diesem Wort gibt sie den Rückhalt von Vater und Mutter, Heimat und Volk auf und läßt sich auf den ihr zunächst unbekannten Gott vollends ein. Wegen ihrer Entschiedenheit findet sie dann auch im Stammbaum Jesu (bei Matthäus) einen Platz.

Hanna, welche auf inständiges Flehen hin vom Herrn einen Sohn — Samuel — geschenkt bekommt, erkennt das wunderbare Handeln Gottes und gibt diesen Sohn dem Herrn zurück, auf daß dieser dem Herrn als Prophet diene.

Abigajil war erwählt, die Gemahlin Davids zu werden. In freier Entscheidung spricht sie aus, daß sie nur die Magd ihres Herrn sein will. Diese bereitwillige Annahme ihrer Berufung, ihr Gehorsam wie ihre Demut als auch ihr Aufbruch weisen uns hin auf die Frau, der im Monat Mai in den katholischen Gemeinden seit alter Zeit in besonderer Weise gedacht wird: Maria. In ihr finden sich alle Ahnungen wie Verhaltensweisen wieder, denen wir in den schon genannten Frauen wie auch in Rizpa, der Mutter aus dem Hause Saul, in der Witwe von Sarepta, in Sara, der Braut des Tobias, und in Judith begegnen. Maria vereinigt deren Glaubenshaltungen und Zeugnis in sich und läßt dies noch einmal als den Boden aufleuchten, auf dem das Heilsgeschehen mit Jesus von Nazaret gründet. In ihr strahlt das Heilshandeln Gottes auf, der durch die Zeiten hindurch sein Volk auf den Anbruch seiner Gottesherrschaft in Jesus hingeführt hat.

Die Ahnung der Frauen war davon erfüllt: Gott läßt nicht ab von seinem Volk, sondern bereitet ihm eine dem menschlichen Geist unvorstellbare Zukunft. Maria spricht, ja, singt diese Heilsgewißheit in ihrem Lobpreis, dem Magnifikat, aus. Nun erfüllt sich, was bislang Ahnung war und wird zur Heilswirklichkeit. Grund genug, Maria zu verehren, lehrt sie uns doch »durch das Beispiel ihrer eigenen Erfahrung und durch Worte, wie man Gott erkennen, lieben und loben soll« (Martin Luther, Vorrede zur Auslegung des Magnifikat).

Diese Frauen wußten, worauf es ankommt: aus der Ahnung göttlichen Handelns herauszutreten in die Wirklichkeit göttlicher Heilsgeschichte.

Jürgen Lenssen

Sag mir deinen Traum

Er fragte mich, die Hände auf dem Rücken versteckt: »Träumst du nachts?« Und ich: »Ja, oft sogar.« Er: »Kannst du dich am Morgen erinnern, was du geträumt hast?« »Manchmal schon«, antworte ich. Er nimmt die Hände vor und hält mir ein Buch unter die Augen: »Dann habe ich hier das richtige Geschenk für dich.« Ich lese den Titel: Sag mir deine Träume, ich deute sie dir. Ich lache herzhaft und verspreche ihm doch, in den nächsten Tagen und Wochen meine Träume zu hinterfragen.

Aber ausgerechnet jetzt träumt mir gar nichts, oder ich habe es am Morgen vergessen.

So gehe ich dazu über, meine Tagträume zu untersuchen. Wie oft habe ich doch schon in meinem Leben geträumt? Wieviele meiner Träume wurden Wirklichkeit? Wieviele haben sich zerschlagen? Bei wievielen lohnte es nicht, sie jemals geträumt zu haben?

Plötzlich erinnere ich mich: In einer kleinen Bergkapelle hatte ich mich von meiner Reisegruppe abgesondert. Zwischen vielen Votivtafeln der Dankbarkeit und Gebetserhörung hatte ich diese entdeckt: »Ich danke dir, daß du mich nicht erhört hast!« Ein Traum, der sich hinterher als falsch erwies?

Da ich solches bedenke, fällt mein Blick auf ein Bild an der Wand: Ein noch jugendlicher Mann mit Säge und Hammer ist da zu sehen: Josef. Die katholische Kirche feiert am 19. März seinen Namenstag. Meine Eltern erzählten uns Kindern, daß er der Nährvater Jesu und ein Zimmermann war. Später las ich über ihn, daß er im Traum den Besuch eines Engels bekam. Kindlich fromm betete ich jetzt immer vor dem Einschlafen, Gott möge auch mir einen Engel schicken, wenn ich träume. Stundenlang ließ ich meine kleine Nachttischlampe brennen, um dem Engel den Weg zu meiner Tür zu zeigen. Manchmal, um die Weihnachtszeit, lag beim Erwachen neben meinem Bett ein Zuckerplätzchen. Aber den Engel hatte ich nicht gesehen.

Längst lernte ich begreifen, daß es gar kein süßer Genuß ist, wenn uns im Traum ein Engel besucht, heimsucht. Seine Befehle sind wie eine Säge, die schönsten Träume zerschneidend, wie ein Hammer, heimlich gehegte Wünsche zerschlagend. »Nimm sie, nimm Maria!«, sagte der Engel zu Josef, »auch wenn sie schwanger ist, auch wenn andere über dich spotten, auch wenn du nicht begreifst, auch wenn eure eheliche Gemeinschaft anders sein wird als du sie erträumst.«

Dann später, in Bethlehem: »Nimm sie! Sie und das Kind. Ihr müßt nach Ägypten, mitten durch die sonnenheiße Wüste, mit ihren gefährlichen Durststrecken.«

Aus der Traum von einer friedlichen Idylle in Nazareth.

Und 33 Jahre danach, als man in Jerusalem keine Kinderwiege, sondern ein Kreuz zimmerte, sollte offenbar werden: Unsere zerschlagenen Träume, unser Gehorsam dem Engel gegenüber sind ein Beitrag dazu, den Traum der Menschheit von Erlösung und Liebe, vom Reich Gottes zu verwirklichen.

Sag mir deinen Traum. Laß ihn uns hinterfragen. Dreht er sich um dein eigenes Ich, oder meint er die Gemeinschaft, meint er das Glück aller Menschen?

Josef träumte. Martin Luther King träumte auch. Träumte von einem Fest, bei dem alle gemeinsam zu Tische sitzen.

Ich wünsche auch Ihnen und mir einen solchen Traum.

Emma Frey

Ihr Herz schlägt! Ihr Gewissen auch?

In der Zeitung stehen immer wieder Berichte über Taten — oder besser: Untaten —, bei deren Lektüre man sich fragt: Schlägt den Betreffenden denn kein Gewissen mehr? Als Kinder hatten sie vielleicht noch eines, denn Kindern merkt man es an ihren schuldbewußten Gesichtern oft leicht an, wenn sie etwas angestellt haben. Erwachsene hingegen können sich ihrem Gewissen überlegen fühlen, können umfangreiches Wissen an die Stelle von Gewissen setzen, können sogar ihr Gewissen betäuben und vergewaltigen, um dann, sozusagen an einem schwer verletzten Gewissen, zu zerbrechen und kaputtzugehen. Die SS-Wachmannschaften in den Konzentrationslagern sollen solche innerlich ruinierte und zugrundegerichtete Männer gewesen sein.

Das Gewissen ist bestimmt kein Mechanismus, der den Menschen von vornherein daran hindert, Böses zu tun, wohl aber eine mahnende Stimme, die sich leise zu Wort meldet und zur Besinnung ruft. Wie dies geschieht und wohin dies führt, machen mir zwei Geschichten aus der Bibel besonders deutlich. Die erste stammt aus dem Alten Testament, sie steht dort gleich am Anfang und erzählt von zwei Menschen, denen das Gewissen schlägt: von Adam und Eva, als sie die Frucht vom Baum der Erkenntnis gegessen haben, sich ihrer Schuld bewußt wurden und sich vor Gott im Gebüsch versteckten. Schon die ersten Menschen also bekommen es mit dem Gewissen zu tun. Es ist gleich am Beginn der Menschheit mit dabei, es gehört zum Menschen hinzu von Anfang an. Die andere Geschichte findet sich im Neuen Testament, sie handelt von Petrus, dem, nachdem er Jesus dreimal verleugnet hat, das Gewissen so sehr schlägt, daß es von ihm heißt: und er ging hinaus und weinte bitterlich. Ob auch er sich verstecken wollte, draußen in der Nacht?

Doch Gott geht den schlagenden Gewissen nach, er überläßt sie nicht sich selbst und der Schuld, die sie aufdecken. Mit der Frage »Adam, wo bist du?« ruft Gott den Menschen in die Verantwortung vor sich, und der Apostel Petrus wird vom auferstandenen Christus liebevoll an sein Versagen erinnert, zugleich aber mit höchster Verantwortung betraut: »Weide meine Schafe!«

Die Stimme des Gewissens erinnert daran, daß der Mensch eben nicht das Maß aller Dinge ist, sondern, daß es da noch eine letzte Instanz gibt, vor der er sich zu verantworten hat. Das schlagende Gewissen — es gehört zum Menschen wie das schlagende Herz, wenn es wirklich lebt.

Manfred Horlebein

Unterwegs zum gleichen Ziel?

In der bayerischen evangelischen Landessynode gibt es einen Ausschuß für „Weltmission und Ökumene", in dem ich mitarbeite. Diese Arbeit lenkt meinen Blick und meine Gedanken zwangsläufig immer wieder auf andere Völker und Rassen, auf ferne Kulturen und auf fremde Religionen, die ja heute auf einmal gar nicht mehr so fern von uns sind. — Wohin geht eigentlich die Menschheit? Wer oder was bindet sie zusammen? Wo liegt ihr Ziel? Was meint die Bibel, wenn sie sagt: »Gott will, daß allen Menschen geholfen werde und sie zur Erkenntnis der Wahrheit kommen.« (1. Timoth. 2. V. 3). Meint sie wirklich alle Menschen, die ganze Menschheit?

Immer wieder bei solchen Fragen steigt ein inneres Bild vor mir auf: Ich sehe ein gewaltiges Bergmassiv. Auf seinem höchsten Gipfel — aus der Ebene nicht von überall her wahrzunehmen — ragt ein riesengroßes Kreuz in den Himmel, vielleicht ist es auch eine Christusfigur. Die Wege zu diesem Gipfel sind sehr unterschiedlich, aber wir sind alle dabei, den Berg zu ersteigen, denn er ist so groß wie die Erde, oder sogar noch viel viel größer, so groß wie der Kosmos! Diejenigen, die auf der einen Seite aufsteigen, wissen jedenfalls nichts davon, daß auf der gegenüberliegenden Seite auch Menschen auf dem gleichen Wege sind.

Aber gleich sind die Wege ja eben auch nicht. Da ist einer, der ist ziemlich abwechslungsreich; mal geht es über weites Feld, die Sicht ist klar, der Gipfel liegt deutlich vor Augen, aber dann kommen dunkle Wälder, tiefe Schluchten, Gletscher, steile Geröllhänge, Schneestürme, Lawinen. Das Ziel ist dem Blick verstellt. Hat es überhaupt je eines gegeben? Ein schmaler Grat nur führt zu ihm.

Ein anderer Weg ist wunderbar. Es wird der Südhang sein. Lieblich grüne Wiesen und Matten, von bunten, duftenden Blumen übersät, führen sanft bergan, freundlich leuchtet der Gipfel. — Ob die Heiligen hier wandeln? Vergessen wir nicht, es gibt auch noch die Nordwand! Die ist grauenhaft, schier unüberwindbar, nie, nie sieht man den Gipfel! Es scheint hoffnungslos, auf diesem Weg je das Ziel zu erreichen.

Wie es dennoch möglich ist, ich weiß es nicht. Ich weiß nur eines: Christus, das Ziel, ist Weihnachten für uns alle geboren, Karfreitag für uns alle gestorben und Ostern für uns alle auferstanden. Er übt eine Kraft auf uns alle aus, ob wir das merken oder nicht, und zieht uns zu sich.

Einmal — ganz oben, in der Nähe und im Licht des Gipfels, wenn alle die verschiedenen Wege unter uns liegen und überschaubar werden, erkennen wir uns und stellen mit Erstaunen fest: Oh, wir waren und wir sind ja alle unterwegs zum gleichen Ziel!

Wann wird das sein? Wohl erst in der Ewigkeit!

Uta Hickmann

»Du stellst meine Füße auf weiten Raum«

Buben oder Mädchenzimmer, wie unterschiedlich ist die Gestaltung der eigenen vier Wände; wechselnde Bilder und Dinge, eine Zeitlang von Bedeutung. Was bleibt, hat Bestand?

Ich denke an ein Poster über dem Bett meines Sohnes. Auf dunklem Hintergrund eine menschliche Gestalt, darunter ein Wort aus dem 31. Psalm: »Du stellst meine Füße auf weiten Raum.«

Gutes Weggeleit ist dieses Wort, nicht nur für den Augenblick, sondern ein ganzes Leben lang, bedeutet es doch: ständige Zwiesprache mit Gott, dankende, bittende, manchmal vielleicht fordernde Zwiesprache. Das ist Hineingestelltsein mit beiden Füßen in diese unsere Welt. Müde, traurig und abgespannt glauben wir oft keinen Boden mehr unter den Füßen zu haben, denken, daß alles aus ist und fragen nach dem Sinn des Lebens überhaupt. Doch nicht in luftleeren Raum stellt Gott unsere Füße, sondern direkt hinein in seine Vaterhände.

Unsere Füße auf dem Boden der Liebe Gottes! Da können wir also ruhig unsere Schuhe ausziehen, brauchen keine Angst zu haben vor der hautnahen Berührung mit Gott.

Mit Schuhen an den Füßen hätte ich in Fonteney nicht die ausgetretenen Steine dieses jahrhundertealten Gotteshauses erfühlen können! Der Tau in den Wiesen am Morgen, mit Schuhen an den Füßen ist er nicht zu spüren. Weicher Boden, warmer Sand beim Strandgang am Meer — nur mit bloßen Füßen fühlbar! Vielfältiges erfahren die nackten Füße, so viel Schönheit — doch auch die scharfen Kanten einer Muschel . . .

Leben wir unser Leben doch »barfuß«! Dann werden wir empfindsam, werden vieles spüren können und ganz sicherlich behutsam, achtsam gehen — leben. So sensibel geworden, werden wir vielleicht auch den Menschen neben uns erleben, auch er — »unterwegs«, suchend und tastend.

Nun aber nur nicht schnell Schuhe an, Maske, Verstellung! Es wäre nur allzu menschlich, doch sollten wir gerade da »Nacktheit« wagen. Wahres Miteinander und Füreinander kann nur in bedingungsloser Offenheit praktiziert werden, eingebettet jedoch in die Liebe, so wie Gott uns liebt, hält und trägt. Er, der jede Unebenheit unserer Wege kennt, er weiß um jeden Stein — auch um die Brocken —, an denen wir uns wundstoßen und verletzen. Wir sollten keine Berührungsängste mit Dornen und Disteln unseres Lebens haben, sondern ihm kindlich vertrauen; denn ungetrennt bleibt die Nabelschnur zum Vater im Himmel, ungetrennt auch durch das Sterben hindurch, bis hinein in die Ewigkeit.

So eng verbunden schenkt Gott uns Lebensraum, weiten Raum! An langer Leine erfahren wir Gottes Schöpfung, eine Welt voll der himmlichen, aber auch der teuflischen Kräfte.

Gottes Führung sich anzuvertrauen, ist darum gar nicht so einfach! Die Ruhe Gottes ist nur dort, wo blind vertraut wird. Man kann das üben, mit einem Spiel vielleicht an einem Sommerabend, beliebt bei jung und alt: Ein Partner schließt die Augen, der andere führt . . .

So dankbar und froh die Weite der Liebe Gottes erfahren, bedeutet herrliches Freisein. Hören wir doch auf, Gottes weiten Raum mit menschlichen Maßstäben abgrenzen zu wollen.

»Gottes Hände tragen die weite Welt
Gottes Hände halten das Sternenzelt.
Gottes Hände sind meine Zuversicht.
Durch alles Dunkel führen sie zum Licht.«

Helga Schnabel

Worauf wir vertrauen

Brief an Gott

Lieber Vater,
ich schreibe diesen Brief an Dich, weil ich Deine Hilfe brauche. Meine Kraft ist zu gering und zu bald erschöpft, wenn ich versuche, mit meiner Not fertig zu werden. Und dabei ist es mir doch eigentlich ganz klar, daß ich immer dann wieder stark werde, wenn mir bewußt wird, daß ich nicht aus mir selbst heraus den Kampf gewinnen kann, sondern nur mit Deiner Hilfe; denn Du allein schenkst mir Waffen der Überzeugung, die ich brauche.

Aber meine Geschwister haben teilweise offenbar vergessen, daß Du unser Vater bist, daß Du uns das Leben geschenkt hast, daß nur Du uns befreien kannst aus unseren heimlichen Ängsten und Nöten. Mein Vertrauen zu Dir gibt mir auch in Momenten großer Bedrängnis immer wieder das Erlebnis tiefer Dankbarkeit, Freude und die Erfahrung wirklicher Liebe. Vater, gib mir die richtigen Gedanken. Gib mir im richtigen Augenblick die richtigen Worte, wenn ich mit einer meiner Schwestern oder einem Bruder ins Gespräch komme. Es gibt Menschen, die behaupten, sie wüßten ganz genau, wie wir unsere großen und kleinen Tagesprobleme lösen müssen, ansonsten seien wir nicht zu retten! Menschen! Ich habe noch nie einen erlebt, der die Patentlösung in der Hand hält.

Aber einige — oder vielleicht sogar viele? — meiner Geschwister fallen doch tatsächlich darauf herein. Wenn sie dann merken, daß sie nur ausgenutzt werden, daß sie einen Weg in die Angst eingeschlagen haben, dann meinen sie, es gäbe kein Zurück mehr — und oft meine ich das auch. Aber das stimmt nicht. Du bist und bleibst die einzige Grundlage, die ein Leben in Glaube, Liebe und Hoffnung verspricht. Das haben sie aber vielfach vergessen. Dann stehen sie vor einem Nichts, wenn sie nach dem Sinn des Lebens fragen.

Und genau hier setzen die Verführer an. Und, Vater, die Verführer kommen auf den unmöglichsten Wegen an meine Geschwister heran, und an unsere Kinder!

Da ist ein Beispiel, das ich Dir unbedingt erzählen muß: Kürzlich, erschien im Werbeteil eines Blättchens sinngemäß folgende Anzeige: Studienrat(!) erteilt Nachhilfeunterricht. Es folgten Fachangaben und Telefonnummer. Ein paar Anzeigen weiter wurde für »Transzendentale Meditation« in einem Zirkel geworben. Wieder mit Telefonnummer, wie üblich. Etwas weiter, in einer anderen Spalte, bot sich ein sich sorgender Mitbürger für Sorgenkinder an »Übernehme Hausaufgabenbetreuung«. Mit Telefonnummer. Ja, wer kommt denn schon auf die Idee, im Anzeigenteil Telefonnummern zu vergleichen! In allen drei Anzeigen stand dieselbe Nummer! Ein Mitglied einer sogenannten Jugendreligion.

Vater, es erschreckt mich, wenn ich daran denke, welche Mittel sonst noch angewandt werden. Es gibt Kindertherapeuten, die diesen Kreisen angehören. Es werden Schulvereine gegründet für Eltern von Schulkindern, auch Kindergartenkindern. Ja, selbst bei manchen Marathonläufen, wie sie zur Zeit an verschiedenen Orten veranstaltet werden, findet man scheinbar ganz zufällig Flugblätter, die für solche Jugendreligionen werben. Wer in diesen Fällen oft der Veranstalter ist, brauche ich Dir ja nicht erst zu sagen.

Die neuen Religionen kennen keine Vergebung, doch Du, Vater, gibst das Leben, das sich wirklich lohnt. Für dieses Versprechen hast Du Dich nicht verschont. Du gibst das Leben mit einem klaren Sinn, und wenn wir uns getäuscht und vergaloppiert haben, schenkst Du uns auch immer wieder einen Neubeginn. Von allen Seiten umgibst Du mich und hältst Deine Hand über mir. Vater, dafür danke ich Dir. Auch wenn ich im Augenblick noch nicht ganz weiß, wie es weitergehen soll: Du hilfst mir, und ich vertraue ganz auf Dich!

Hayo Everts

Eingemauert?

Es ist Nacht. Ein Betrunkener wankt durch die Straßen und tastet sich von einem Alleebaum zum anderen voran. Schließlich trifft er auf eine Wand. Sie wird ihn ein schönes Stück weiterbringen, nur darf er den Kontakt mit ihr nicht verlieren. Und so tappt er mit beiden Händen dahin. Immer an der Wand lang . . . Was er nicht weiß: Die Wand ist eine Litfaßsäule. Er umwandert sie vertrauensvoll. Endlos. Schließlich kommt er selbst darauf, daß er im Kreise geht. Da entringt sich ein Seufzer seiner gequälten Brust: »Eingemauert!« Dabei hätte er es so leicht, wenn jetzt . . .

Der Betrunkene, von dem die moderne Parabel erzählt, hat jede Orientierung nach innen und außen verloren. Wir sind versucht, sofort nach Hilfen durch einen anderen Menschen zu rufen, einen Menschen, der ihn an der Hand nimmt, ihn aus seinem selbstgeschaffenen Gefängnis befreit und ihn nach Hause führt. — Dies war übrigens auch die spontane Reaktion von Schülern, als ich ihnen die Geschichte erzählte. Sehr rasch gaben einige zu bedenken, daß unsere Zeit vielfach auch ganz anders dieser Situation begegne: Zum Beispiel drücke man ihm beschwichtigend einen Kompaß in die Hand, auf den er sich verlassen könne, weil ihm immerhin ein Gesetz, ein Naturgesetz zugrundeliege. Nur, was geschieht, wenn sich der Betrunkene nicht der Himmelsrichtung bewußt ist, in der sich sein Haus befindet? Er solle zunächst seinen Rausch ausschlafen und den nächsten Morgen abwarten, meinte ein anderer. Inzwischen aber, so wandten einige ein, könnte er erfroren sein oder beraubt werden. Ein dritter schließlich schlug vor, er solle sich zumindest bis zur nächsten Straßenlampe retten, dort werde er weitersehen.

Inzwischen hatten alle die Mehrdeutigkeit der Geschichte erkannt und die Litfaßsäule mit einer bestimmten Lebenssituation verbunden: Trunkenheit als Erfahrung des Gebanntseins von Mißerfolgen, Ängsten, Nöten, Traurigkeit oder auch Fasziniertsein von verlockenden Angeboten, bequeme Wege gehen zu können.

Uns interessierte in der Klasse vor allem der erste Schritt, den der Mensch, der orientierungslos im Kreise geht, jetzt selbst, ohne Hilfe von außen, gehen muß: innezuhalten; zu erkennen, in welcher Lage er sich befindet; zu entscheiden und zu handeln, indem er sich zunächst von der Wand löst. Dieser erste Schritt ist ein kleines Stück Weges zu allem, »was mehr ist als Stoffwechsel, Blutkreislauf, Nahrungsaufnahme, Zellenzerfall«. In ihm ist alles enthalten: Wach- und Nüchternsein, Vertrauen zu sich selbst, Hoffen, Gehen.

Als einen Menschen, der »umkehrt«, würde die Bibel diesen Menschen beschreiben. Denken wir nur an den verlorenen Sohn, der »in sich ging« und im Erleben seiner Situation in der Fremde sich seines Vaters erinnerte und umkehrte. Umkehr kann offensichtlich nur dann gelingen, wenn man vom Vordergründigen oder auch Fixierenden wegkommt. Entscheidend ist dann, wie ich das Geschehen aufnehme: mit einem nostalgischen Blick zurück, mit einem resignierenden Blick nach vorne oder aber mit dem Mut, die neue Ausrichtung selbst zu erschaffen.

Wir haben zwei Augen bekommen, ist in einem Text zu lesen: das eine — hineinzuschauen in das Getriebe einer Welt der Produktion und Begriffe; ein zweites — nach innen zu schauen, was Gottes Geist uns im Augenblick sagen möchte.

Peter Spielmann

Vergewisserung

Wir hatten vor einiger Zeit einen Termin vereinbart, im Kalender festgehalten. Eine Stunde vorher kommt der Anruf: »Bist du auch zu Hause? Ich bin nicht sicher, ob du den Termin nicht verschwitzt hast!«

Nun, jeder vergißt mal etwas. Nobody is perfect. Nur, was mir sogleich als Mißtrauen aufgestoßen war, enthüllt mir dann die andere Seite der menschlichen Natur: unsere Sehnsucht nach Gewißheit. Im Ungewissen wollen wir ja nicht leben. In fast allen Bereichen des Lebens vergewissern wir uns ständig, ob das auch stimmt, was man uns erzählt: ob die weiße Weste der Politiker nicht doch einen Grauschleier hat. Ob unsere Teestunde nicht zum Rendezvous mit dem Krebs wird. Ob die Auspuffgase den Wald eher umbringen als die Kraftwerke . . . Ständig vergewissern wir uns unserer Leistungsfähigkeit, ob in der Arbeit, beim Sport, beim Vergnügen. Wir vergewissern uns des Wohlwollens unserer Mitmenschen oder auch ihrer Abneigung . . .

Nein, im Ungewissen zu leben, das können wir nicht ertragen. Nicht einmal in den belanglosesten Dingen des Alltags. An denen, die trotzdem so leben müssen, können wir ablesen, daß Ungewißheit krank macht. Menschliche Tragödien zeigen uns das, wenn wir nur ein wenig in die Hintergründe schauen. Ungewißheit bedroht unser Dasein. Wir brauchen sicheren Boden, verläßlichen Grund, auf dem wir den Weg unseres Lebens gehen können. Und das suchen wir ja auch in fast allen Bereichen des Lebens. In fast allen?

Ich denke, in einer wichtigen Grundfrage unseres Daseins leben wir mit dieser Ungewißheit ziemlich unbesorgt. Ich meine die Glaubensgewißheit. Freilich läßt sich diese nicht ein für allemal rechnerisch festlegen. Wir müssen sie immer wieder neu suchen und finden. Und auch erleiden. Sie macht uns Mühe.

Vielleicht ist das ein Grund, warum uns das so unbesorgt sein läßt. Und doch ist das der tragende Grund, der Sinn unseres Lebens. Ohne Vergewisserung der Fragen: »Warum bin ich? Auf was kann ich hoffen?« ist unser Dasein ganz und gar ungewiß, grundlos.

Vergewisserung unseres Glaubens — wie können wir das ins Werk setzen? Jeder für sich allein mit seinem Gott? Das ist eigentlich der letzte Schritt, freilich unerläßlich. Und doch die letzte Vergewisserung. Vorher aber sind wir angewiesen auf die gegenseitige Vergewisserung dieses letzten tragenden Grundes. Vorher müssen wir uns gegenseitig auf die Spur dessen bringen, der uns trägt. In unseren Lebensgeschichten, in den Begebenheiten des Alltags können wir einander die Augen öffnen für den Sinn und Grund dieses unseres Lebens: den gütigen und rätselhaften Gott. So haben ja auch wir den Glauben erfahren. Die Gewißheit erfahren wir in gegenseitiger Vergewisserung.

Norbert Ehrler

Der Superstar

Gönnen wir ihm doch den Rummel zu seinem (fiktiven) 50. Geburtstag, dem King of Rock'n'Roll, lassen wir ihm den Titel eines Superstars! Ohne jeden Neid, eher mit ein wenig Erstaunen.

Elvis, der Mann aus Tupelo im Staate Missouri, der Junge und oft auch Alte zum Rasen und Schluchzen brachte, damit zum Idol einer ganzen, nicht nur amerikanischen Jugendgeneration wurde — ist das nicht was? Und daß heute, zwölf Jahre nach seinem Tode, Grab und Villa in Graceland Ziel ganzer Wallfahrten sind, daß uns Medienanstalten und Regenbogenblätter ins Gedächtnis rufen, welch herber Verlust die Menschheit mit seinem so frühen Hinscheiden getroffen hat, läßt manche den Kopf schütteln. Aber dies alles ist mindestens ein bemerkenswertes Phänomen, das ausgezeichnet in unsere bucklige, zur Zeit stark zwiespältige Welt paßt — das sei ohne jede Bitterkeit gesagt.

Wenn nur der Titel »Superstar« nicht so vieldeutig wäre! Verlassen wir uns — nur einen kleinen Augenblick lang — auf den musikalischen Sachverstand unserer Moderatoren und Show-Master in Funk und Fernsehen, so wimmelt es geradezu am »Sternen«-Himmel von solchen Wunderkünstlern. Keine Unterhaltungssendung ohne solche Superstars, von denen einige wirklich singen können, manche sogar musikalisch sind und das »In-den-Hüften-Wackeln« recht gut verstehen. Mancher dieser Superstars ist so gut, daß er auch ohne den Glamour der Lampen und ohne die Kaskaden künstlerischer Bodennebel gefallen könnte.

Leider ist da noch etwas. Vor gar nicht langer Zeit drehte ein Filmemacher einen Streifen über einen angeblichen Superstar und er gab ihm auch den kennzeichnenden Titel: »Jesus Superstar«. Was dachte sich wohl dieser Mann dabei? Faszinierte ihn der orientalische Wundertäter? Der Volksaufwiegler, dessen Ideologie das jüdische Establishment nervös machte?

Da stellt also jemand Jesus in die Reihe mit Presley, Valente, Taylor, Crosby, Chevalier, Carell, Juhnke — und wir können wirklich nicht annehmen, der Filmemacher wollte Jesus lästern. Sicher war er ebenso von Jesus fasziniert wie der Autofahrer, der auf der Heckscheibe seines Vehikels den Aufkleber hatte »Ich bin für Jesus«. Und wie wir wissen, bemüht sich auch mancher diplomierte Theologe und mancher Religionslehrer mitsamt seiner missio canonica darum, Jesus in irgendeiner Reihe faszinierender Persönlichkeiten unterzubringen. O Herr, wie lange wirst Du noch an der Geißelsäule stehen müssen?

Wir kennen das Bild des einen Superstars, der durch Pharmaca sein Antlitz zerstörte und nicht ganz ohne eigenes Zutun zum frühen Tode kam. Wir kennen aber auch das Bild des Gottmenschen an der Geißelsäule, mit dem geschundenen Körper, in dem man noch so viel Leben gelassen hatte, daß die Bürger von Jerusalem ein paar Stunden später den Nervenkitzel einer exakt ausgeführten Kreuzigung erleben konnten.

Lassen wir den Superstars ihren Glanz. Manch einer von ihnen erfreut mit seinen Albernheiten müde gewordene Menschenherzen. Nur, der Mann an der Geißelsäule, er war kein Superstar! Er paßt in keine Reihe faszinierender Gestalten. Seine Größe faßt kein menschliches Klischee.

Karl Böhm

Tatsächlich ein Rettungsanker?

Optimismus ist gefragt heutzutage. Möglichst alles beschönigen und dem Bedrohlichen nicht zu sehr ins Auge schauen, ist die Devise so vieler. »Gott hat die Welt so sehr geliebt, daß er seinen Sohn hingab . . . damit die Welt durch ihn gerettet wird!« verkündet das Johannes-Evangelium. Also vielleicht doch ein Blick, der wirklichkeitsnäher ist? Ja, wir brauchen Rettung!

Lesen Sie doch Ihre Zeitung mal bewußt unter der Fragestellung: »Wo braucht es hier Rettung?« Unsere Welt — so kann man sie durchaus sehen — ist ein Pulverfaß, ein verseuchter Misthaufen, eine stinkende Kloake und brotlose Wüste zugleich und dazwischen ein paar Oasen, in denen die Menschen leben wie die Maden im Speck. Ja, man kann es fast gar nicht schwarz genug malen bei der unübersehbaren Sorglosigkeit, die so viele von uns in ihrem Lebensalltag zeigen. Wir brauchen Rettung!

»Wer an Ihn glaubt, wird nicht gerichtet; wer nicht glaubt, ist schon gerichtet . . ." (Joh 3,18). Meinen Sie wirklich, das sei so schwer zu verstehen? Wir Menschen haben uns selbst schon gerichtet, weil wir nämlich zu sehr auf uns selbst setzen, auf uns selbst vertrauen, uns selbst zu Göttern machen.

Nur wer glaubt, kann dem entgehen, sagt Jesus. Und wie recht er hat, ist schon mit dem Verstand zu greifen:

Sobald wir anfangen, in Seinem Sinn unser Leben auszurichten, beginnen maßgebliche Veränderungen:

● Wer Ihn Gott sein läßt und nicht sich selbst dazu macht, der wird nachsichtiger und liebevoller dem andern gegenüber. Er begreift, daß Geben seliger macht als Nehmen.

● Wer Ihn Gott sein läßt und nicht sich selbst dazu macht, der weiß, daß er eine Zukunft hat. Es ist dann nicht nötig zu glauben, man könne etwas verpassen an Konsum oder Lebensfülle. Man braucht dann nicht unbedingt auf Kosten anderer zu leben.

● Ja, Ihn als Wegweiser für das Leben zu sehen, macht toleranter, friedfertiger und hilfsbereiter, ebenso denkt man dann auch an die Verantwortung gegenüber den Nachkommen, kurz gesagt: »Du förderst alles, was den Menschen zum Menschen macht«.

Sollte das nicht der Rettungsanker für die Welt sein? Natürlich fängt alles in den kleinen Schritten an.

● Wenn wir anfingen aufzuhören, über die effektivste Bedrohung anderer Völker nachzudenken — das geht im Kleinen an.

● Wenn wir anfingen aufzuhören, unsere Lebensgrundlage Erde, Wasser, Luft zu verderben — das geht im Kleinen an.

● Wenn wir anfingen aufzuhören, den Entwicklungsabstand zwischen Armen und Reichen immer weiter auseinanderklaffen zu lassen — auch das geht im Kleinen an.

Das alles hat mit Glauben zu tun, mit dem Vertrauen darauf, daß der Schöpfer seine Schöpfung nicht allein läßt. Jesus sagt zu uns: »Ich bleibe bei Euch alle Tage!« Nehmen wir ihn doch beim Wort! Natürlich mußt Du selbst die nötigen Schritte tun! Es ist gerade so, als ob Du an der Hand durch stockfinstere Nacht geführt wirst. Du siehst gar nichts, aber spürst die Hand, die Dich hält. Wenn Du vertraust, wirst Du auch blindlings Deine Schritte gehen und gut vorankommen. Wenn es Dir aber am guten Glauben und Vertrauen mangelt, dann wirst Du vermutlich trotz der gereichten Hand über deine eigenen Füße stolpern und fallen. Ja, Jesus lebt! er führt und geleitet durchs Dunkel. Vertrau Dich ihm an! Glaube!

Winfried Seifert

Der TÜV und wir

Alle zwei Jahre wieder stehen wir vor der bangen Frage: Wird unser »Liebling« noch einmal »durchkommen?« Oder wird der Prüfer so viele Mängel finden, daß sich eine Reparatur nicht mehr lohnt und daß wir uns von unserem Weggefährten, unserem treuen Begleiter in guten wie in schlechten Tagen, trennen müssen?

Menschliche, vielleicht allzu menschliche Gedanken, die mich da bewegen, als ich mit meinem Käfer, den ich noch aus meiner Studentenzeit herübergerettet habe, in der Warteschlange vor der TÜV-Halle stehe. Muß man sich solcher Gedanken und Gefühle schämen?

Nein, tröste ich mich, auch große Männer vom Range eines Konrad Lorenz gestehen: »Wenn ich an die Gefühle denke, mit denen ich unseren alten Wagen verkaufte, an den sich unzählige schöne Reiseerinnerungen knüpften, muß ich eindeutig feststellen, daß sie qualitativ denen beim Abschied von einem Freunde glichen« (8 Todsünden Kap. V).

Da öffnet sich auch schon die Prüfhalle. Die Stunde der Wahrheit ist gekommen. Blinken, Bremslicht treten, Hupe drücken, alles bei eingeschalteter Zündung, versteht sich . . . Sie kennen das, sofern auch Sie zum Kreise derer gehören, die es sich nicht nehmen lassen, ihren fahrbaren Untersatz höchstpersönlich zum TÜV zu chauffieren. – Der Bremsentest, die Grube: Unbarmherzig wird der Unterboden auf verborgene Roststellen abgesucht, Lenkung und Achsschenkel auf unzulässiges Spiel hin kontrolliert. Zum Schluß noch die Scheinwerferprobe, und dann verschwindet der Prüfer in seiner Glaskabine, füllt den Testbogen aus, um schließlich sein Urteil zu verkünden: Dies oder jenes müsse noch gerichtet werden, aber der Gesamtzustand des Fahrzeugs sei doch noch recht ordentlich; das schöne alte Auto kriege also die Plakette.

Erleichtertes Durchatmen! Fröhliche Heimfahrt, denn die nächsten zwei Jahre sind gesichert . . .

Daß das Ganze auch gleichnishaft verstanden werden könnte, wird mir freilich erst später klar. Wenn es doch so etwas wie den TÜV auch für uns Christen gäbe! Einen Prüfstand, den wir, ob wir wollen oder nicht, alle paar Jahre besuchen müßten, um uns »auf Herz und Nieren« untersuchen zu lassen.

● Zeigen wir die Richtung, in die wir fahren, klar genug an?

● Halten wir die Spur, auf die wir in der heiligen Taufe festgelegt wurden und zu der wir uns bei Konfirmation oder Kommunion selbst verpflichtet haben, ein? Oder gibt es in unserer Steuerung unzulässiges Spiel?

● Schließlich: Sind wir, wie es die Bergpredigt von uns erwartet, »das Licht der Welt«, oder sind unsere Scheinwerfer falsch eingestellt und unsere Reflektoren matt und verrostet, gleichen wir also eher trüben Funzeln als wegweisenden Lichtquellen?

Eine »Zwischenuntersuchung« im Sinne des TÜV auch für Christen, ein termingebundenes Durchchecken von Glaube und Leben könnte sicher hilfreich sein.

Übrigens: Nächster TÜV-Termin morgen, am Sonntag. Oder jederzeit nach Vereinbarung.

Ernst von Kietzell

Im Laufe des Jahres

Unmenschlich?

»Sie beten einen menschgewordenen Gott an, der sie lehrte, einander zu lieben . . . sie selbst aber – und das ist erschreckend an ihnen – sie selbst aber gebärden sich unmenschlich; sie weigern sich, zu dem zu werden, was der von ihnen angebetete Gott freiwillig geworden ist: zu Menschen . . . so muß . . . wer ihr Sinnen und Handeln nüchtern betrachtet, den Eindruck gewinnen, daß sie die Menschwerdung ihres Gottes nicht verstanden haben, vielleicht nicht verstehen wollen.«

Von uns Christen ist da die Rede, liebe Leserinnen und Leser! Heinrich Böll hat einen Vorwurf formuliert, der uns so oder so ähnlich immer wieder begegnet. »Da laufen sie in die Kirche; aber kaum haben sie die Kirchtür hinter sich wieder zufallen lassen, dann . . . dann heißt es eben nicht: »Seht, wie sie einander lieben!«

Ich muß Ihnen gestehen, solche Erfahrungen unserer Zeitgenossen machen mich sehr betroffen. Sie rühren ja auch an den Nerv unseres Christseins. »Wenn einer behauptet: ,Ich liebe Gott' und seinen Bruder nicht liebt, dann ist er ein Lügner«, sagt Johannes.

Manchmal möchte ich aber auch gar so harte Kritiker bei der Hand nehmen und mit ihnen einen Blick werfen in so viele selbstlose Dienste unserer Gemeinden: Nachbarschaftshilfen, Krankenbesuchsdienste, Kontaktkreise und wie sie alle heißen. Unzählige »Mitarbeiter Gottes« versuchen da, die Menschwerdung ihres Gottes richtig zu verstehen und selbst immer mehr zu Mit-Menschen zu werden.

Oder ich möchte ein wenig meine Freude ausdrücken, über eine solche »Woche der Brüderlichkeit«, wie ich sie nach der furchtbaren Katastrophe des Vulkanausbruchs in Kolumbien miterleben durfte.

»Der Vulkan hat nicht nur das ewige Eis des Nevado del Ruiz zum Schmelzen gebracht« – so sagte Bischof Gregorio Garavito – »er hat auch die Herzen so vieler Menschen weit geöffnet für ihre Schwestern und Brüder in Not und Elend.«

Es ist gut, daß uns Kritiker immer wieder auf unsere besondere Berufung zum Mit-Menschen stoßen, gerade jetzt zu Beginn des Advents, der Vorbereitungszeit auf die Menschwerdung unseres Gottes.

Wenn Kinder die kommenden Tage voller Freude die Türen ihres Adventskalenders öffnen, wird es für uns zum Zeichen, zur Einladung, Türen zu öffnen zum Nächsten. Selbst unter allen Auswüchsen des Weihnachtstrubels und -geschäftes liegt noch dieser eigentliche Sinn verschüttet: die Hinwendung zum Mit-Menschen, die sich eben im Schenken am leichtesten ausdrückt.

Es gibt da etwas Gemeinsames im Advent, das Menschen aller Denkweisen, aller Länder und Sprachen verbindet: das gemeinsame Mensch-sein und der gemeinsame Auftrag, mehr Mensch zu werden!

Josef Otter

Gemeinsamkeiten

Kaum jemand denkt am Anfang der Adventszeit (schon) an die Heiligen Drei Könige. Dabei haben die meisten Bundesbürger gerade mit ihnen zu dieser Zeit einiges gemeinsam.

Rechtzeitig vor der Begegnung mit dem Kind in der Krippe beschäftigen sie sich mit – Geschenken. Eben diese Weisen aus dem Morgenland sind es nach dem Bericht des Evangelisten gewesen, die mit dem Schenken in der Heiligen Nacht sozusagen angefangen haben. Und das eben nicht erst in letzter Minute, denn sie hatten ja die weite Reise noch vor sich. Ihre Vorfreude und ihre Gaben geben dem Weihnachtsgeschenk eine besondere Bedeutung. Und daran könnten doch die denken, die da in den Wochen vor Weihnachten kaufen und verkaufen.

Drei Wochen vor der Heiligen Nacht waren die Könige unterwegs. Sie waren auf dem Weg zum Jesus-Kind. Auch das haben die Bundesbürger mit ihnen in dieser Zeit gemeinsam. Nicht nur, daß sie gerade jetzt viel Lauferei haben. Sie sind auf dem Weg zu Jesus. Manche gehen ihn ganz bewußt, andere ohne es zu wissen oder zu wollen. Irgenwann, irgendwo werden sie demnächst dieser Gestalt Jesus begegnen. Es muß nicht am Heiligen Abend oder am 6. Januar sein; es kann auch am Strand von Mallorca sein. Die Vorfreude darauf könnten die Heutigen mit den Dreien damals teilen.

Ob die Bundesbürger dieser Zeit auch noch das letzte mit den Heiligen Drei Königen gemeinsam haben? Die weisen Männer aus dem Orient huldigten Jesus. Sie erkannten an, daß er höher steht als sie. Bei all ihrem Wissen, ihrer Macht und ihrem Glanz ist er der Höhere, der Bessere, der Weisere. Er ist der, der mehr Gerechtigkeit, mehr Liebe, mehr Erlösung unter die Menschen gebracht hat als sie alle drei zusammen, und sie drückten mit ihrem Weg und ihren Geschenken aus, daß sie ihm deshalb in Treue dienen wollen. Ob die Bundesbürger dies mit den Heiligen Drei Königen gemeinsam haben werden, wenn sie Jesus demnächst wieder begegnen, steht dahin.

Eckart Galler

Gerechtigkeit und Frieden

Unmittelbar vor der Heiligen Nacht berichtet das Lukascvangelium vom Lobgesang des Zacharias bei der Geburt Johannes des Täufers, der Jesus Christus den Weg bereitete. Die Zeit der Erfüllung der uralten Verheißungen Gottes ist gekommen, die Erlösung »aus der Hand unsrer Feinde, daß wir ihm dienten in Heiligkeit und Gerechtigkeit«. Heiligkeit ist in der Sprache der Bibel das Stehen auf der Seite Gottes. Gerechtigkeit gehört für christliches Denken mit Heiligkeit zusammen, so wie Barmherzigkeit und Friede, von denen im Lobgesang des Zacharias die Rede ist. Barmherzigkeit, Gerechtigkeit, Friede sind Hauptworte des christlichen Glaubens. Auch Jesus Christus nennt sie in den Seligpreisungen der Bergpredigt. Trotzdem sind Barmherzigkeit, Gerechtigkeit und Friede das, was besonders fehlt, damals, in der Nacht der Geburt in Bethlehem nicht anders als in der Gegenwart.

Alle diese Worte werden in der Bibel Gott selber zugesprochen. Er ist barmherzig, ist gerecht, stiftet Frieden. Im Alten Testament finden sich diese Ausdrücke in großer Zahl in den Kapiteln, die in der Zeit der babylonischen Gefangenschaft, nach der Eroberung Jerusalems durch Nebukadnezar und später nach der Rückkehr aus dem Exil geschrieben wurden. Man erkennt daraus die Sehnsucht nach dem, was nicht ist: Die Welt ist für die aus ihrer Heimat in die Gefangenschaft verschleppten Judäer nicht barmherzig, nicht gerecht, ohne Frieden. Es ist der Schrei aus der Tiefe der Verlorenheit, in der Menschen sich selber nicht mehr helfen können, nach Hilfe, die ein anderer bringt. Aber aus diesen Worten spricht in der Bibel zugleich Hoffnung, daß diese Hilfe kommt. Die Verheißungen, die in Israel aus der Zeit der Urväter Abraham, Isaak und Jakob, vom Auszug aus Ägypten, vom Gottesberg in der Wüste, vom Einzug ins Heilige

Land und von den Propheten überliefert waren, gewannen in der Not Bedeutung für die Leidenden selbst. Man hörte in den alten Sätzen die Stimme Gottes an die jetzt in der Verbannung Lebenden, seine Zusage, daß, wenn die Welt unbarmherzig, ungerecht, friedlos sei, er selber Barmherzigkeit, Gerechtigkeit, Frieden aufrichten werde.

Ein halbes Jahrhundert nach der babylonischen Eroberung zog der Perserkönig Kyrus als Sieger in Babel ein. Er gab den Juden die Rückkehr in das gelobte Land frei. So erlebten sie, daß Gott seine Zusage wahr machte, der sie in der Not geglaubt hatten, als alle Wahrscheinlichkeit gegen die Verheißungen sprach.

Fünfeinhalb Jahrhunderte danach haben in Jesus von Nazareth die Verheißungen Gottes neu Gestalt gewonnen. »Er ist unser Friede«, sagte Paulus über Christus. Seine Barmherzigkeit, seine Gerechtigkeit sind Grund der Hoffnung derer, die an ihn glauben. Die Christen erlebten, was die Juden im Exil erfahren hatten. Gottes Verheißungen aus der Vorzeit gelten ihnen selber. »Jetzt ist die Zeit der Gnade«, schrieb Paulus den Korinthern. Abermals richtet in einer Welt, die ohne Barmherzigkeit, ohne Gerechtigkeit, ohne Frieden ist, Gott selbst das Heil auf.

Das ist nicht ein Vorgang, der sich bloß unsichtbar in einem Jenseits abspielt. »Blinde sehen, Lahme gehen, Aussätzige werden rein, Taube hören, Tote stehen auf, Armen wird das Evangelium gepredigt«, antwortet Jesus den Männern, die Johannes der Täufer zu ihm geschickt hat, um zu fragen: »Bist du, der da kommen soll, oder sollen wir auf einen anderen warten?«

Weihnachten ist nicht bloß eine schöne Geschichte, vielmehr ist die Heilige Nacht Erinnerung daran, daß mit Christi Geburt eine neue Wirklichkeit zur Welt gekommmen ist, das Licht durch das Gott für die, die ihm glauben, die Dunkelheit vertreibt.

Karl-Alfred Odin

Wie sehen Engel aus?

Abends im Bett vor dem Einschlafen hat der Vierjährige noch eine Frage: »Vater, wie sehen Engel aus?« Der so Gefragte weiß nicht gleich, was er antworten soll. Er ist in Verlegenheit. »Soll ich dem Kind Bilder zeigen mit pausbäckigen Barockengeln, goldverziert, vor himmelblauem Hintergrund? Was Kinder nicht alles fragen können!«

Zwei hellwache Augen schauen erwartungsvoll. »Kind, Engel kann man nicht sehen. Nur hören. Sie rufen dir zu: ,Fürchte dich nicht! Hab keine Angst! Gott hat dich lieb!' Und ich hab dich auch lieb. Jetzt aber gute Nacht und schlaf gut!«

Ob der Vierjährige mit dieser Antwort zufrieden ist? Ich weiß es nicht. Jedenfalls schläft er bald beruhigt ein, und er hat seinen Vater zum Nachdenken gebracht!

Wie sehen Engel aus? Nicht wie sie aussehen, was sie sagen, ist wichtig. Hundertmal steht in der Bibel: »Fürchte dich nicht!« Ein zentraler Satz. Oft kommt er aus Engelsmund. Er soll sich einprägen. Er soll Menschen prägen, soll Spuren hinterlassen in ihrem Leben.

»Fürchtet euch nicht! Siehe, ich verkündige euch große Freude, die allem Volk widerfahren wird; denn euch ist heute der Heiland geboren.« – So spricht der Engel in der Heiligen Nacht zu den Hirten auf den Feldern Bethlehems.

Ein Bilderbuch für Kinder malt ihn so: einen Mann in hellen Kleidern. Ereignis gewordene Freude. Lichtgestalt. Ja, so sind Engel. Lichter in der Finsternis. So bannen sie meine Ängste. So wecken sie meine Zuversicht für heute und morgen.

»Wie sehen Engel aus?« Unausgesprochen verbirgt sich dahinter die eigentliche Frage: »Wer schenkt mir Hoffnung, Vertrauen auf Gott, Mut zum Leben? Wer sagt mir die frohe Botschaft, die allem Volk widerfahren soll, so, daß ich sie hören oder wenigstens erahnen kann?«

»Fürchte dich nicht!« sagte die Mutter zu ihrem Kind mitten im Gewitter, als die Blitze zuckten, und drückte es fest an sich.

»Fürchte dich nicht!« sagte der Freund zu seinem Freund, der einer schwierigen Aufgabe ausweichen wollte, und legte ihm lächelnd die Hand auf die Schulter.

»Fürchte dich nicht!« sagte der Mann zu seiner Frau vor einer schweren Operation und strich ihr dabei behutsam übers Haar.

»Fürchte dich nicht!« das erfuhr die alleinstehende alte Frau, als sie von der Familie nebenan sonntags zum Kaffee eingeladen wurde.

Die Mutter, der Freund, der Mann, die Nachbarn − sind sie deshalb schon Engel? Und was ist leichter: Ausschau halten nach Engeln oder der Versuch, jemandem zum Engel zu werden?

Einen andern bei der Hand nehmen, ihm Mut machen, zu sich selbst und zu anderen, ihm sein Selbst- und Gottvertrauen wiedergeben, ihm ein Stück von der Freude mitteilen, die allem Volk widerfahren soll − Engel haben also doch ein Gesicht, ein Aussehen, eine Gestalt, wenn auch nicht unbedingt mit Pausbacken und goldenen Flügeln.

Am Abend, wenn ich meinen Tag überdenke, beginne ich wieder zu zweifeln. Ich − ein Engel? Und doch: in der Bibel wird es mir zugetraut und zugemutet.

Der Vierjährige mit seinen erwartungsvollen Augen fordert seinen Vater auf, es zu üben − und nicht nur an Weihnachten.

Robert Rüster

Weihnachde

Oft denk' ich mir – wo bleibd er nur
de Heiland – nit emol die Spur
is von ihm hier noch zu enddecke.
Wohi mer siehd, nur Angst un Schrecke,
drauß' in de Weld, im eich'ne Land.

Wo find' ich bloß des Unnerpfand,
des himmlisch' Lichd, des jeder bräuchd'?
Warum's bloß nirchendwo mehr leuchd'?

Die Nachd, zerrisse hunnerdfach,
scheinwerfergrell un künstlich wach,
zeichd nimmermehr den dröstend' Stern,
der singd so unerreichbar fern
soi Lied vom Friede, der beglückd;
doch zu weid isser uns endrückd,
als daß soin Klangstrahl uns berührd
un daß es unser Herz noch spürd.

Driffd nit's Word, für uns gebor'n,
stets immer mehr uff daube Ohr'n?
Wo find ich nur den Zweich, 's Reis,
des blühd uff göddliches Geheiß?

Drum denk' ich ofd, wo bleibd er nur
de Heiland? – Doch such' ich die Spur,
is sie vielleichd noch zu enddecke,

in Auche, die mir Hoffnung wecke,
beim Junge, der de Alde stützd,
im Kind, wo Unschuldsgeist noch blitzd,
beim Reiche, der 'm Arme gibd,
beim Mensch, der alle Mensche liebd.

Irmes Eberth

Es wird wieder hell

Die Weihnachtsfeiertage sind vorbei. Viele haben sie nicht nur mit Freude erwartet; sie haben auch gelitten unter dem, was bei uns aus Weihnachten geworden ist. Aus kleinen Geschenken als Zeichen der Liebe wurde ein riesengroßer Geld- und Warenverschiebebahnhof nach dem Motto »ich dir so, wie du mir neulich bzw. du mir hoffentlich demnächst!«; altes, sinnerfülltes adventliches Brauchtum degenerierte zu bloßem Dekorationsverhalten; menschliche Konflikte wurden für diese Tage oft einfach »unter den Teppich gekehrt« und allenthalben »in heiler Welt gemacht«.

Eine Fastenkur täte uns gut nach den üppigen Mahlzeiten – und unser schlechtes Gewissen haben wir allemal durch eine kleine Spende an die hungernde Dritte Welt beschwichtigt (im Durchschnitt pro Person etwa eine Schachtel Zigaretten!). Wahrlich, das Christkind hat es heutzutage schwer, mit seinem Frieden und seiner Freude in unserem Herzen geboren zu werden – und allein darauf käme es ja an! Ich habe mir geschworen: Nächstes Jahr schwimme ich nicht mit, da verhalte ich mich anders! Ob mir das gelingt?

Aber etwas ist mir aufgefallen nach diesen trüben, dunklen, novemberlichen Vorweihnachtstagen: wir haben auch die längste Nacht des Jahres hinter uns gebracht. Es wird jetzt wieder heller! Wir gehen dem Frühjahr entgegen, bald wird man es schon riechen können. Ich freue mich drauf. Das ist auch so eine Verheißung Gottes. Lange bevor er es Weihnachten werden ließ, hat er uns Menschen zugesagt: »Solange die Erde steht, soll nicht aufhören Saat und Ernte, Frost und Hitze, Sommer und Winter, Tag und Nacht!«

Ja, solange die Erde steht! Auch hier haben wir inzwischen die Möglichkeit, alles zu verderben, die Schöpfung kaputtzumachen.

Wir sind schon fest dabei: durch SDI-Programme, durch Atomkräfte, durch Genmanipulationen, durch maßlosen Konsum unserer Ressourcen, durch alltäglichen achtlosen Umgang mit unserer Umwelt usw. usw.

Das ist in den Konsequenzen gefährlicher, als wenn wir uns unser Weihnachtsfest ruinieren. Christus lebt, ob wir uns ihm öffnen oder nicht; eine einmal zerstörte Erde läßt sich nicht mehr reparieren. Wir sollten uns schwören: Ab heute verhalte ich mich anders! Vorigen Sommer habe ich ein Gerstenfeld entdeckt, an dessen Rändern wieder Kornblumen blühten. Das hat mich froh gemacht. Hier hat ein Landwirt freiwillig auf Spritzmittel verzichtet. Dank sei ihm!

Ob wir nicht alle irgendwo unser Feld haben, auf dem wir fast Abgestorbenes wieder wachsen lassen können? Ich meine nicht nur den Löwenzahn und die Gänseblümchen auf unserem supergepflegten Rasen, ich meine ein geschärftes Bewußtsein für die Bedürfnisse der Schöpfung. Vielleicht ist es das Waschmittel, das kein Phosphat enthält, vielleicht der Verzicht auf Bier in Dosen, vielleicht ist es ein freiwilliges »Tempo 100«. Der Möglichkeiten gibt es viele. Packen wir es an, ehe es zu spät ist! Noch gibt es ein »Neues Jahr« für uns, noch wird es heller mit jeden Tag!

Uta Hickmann

Ein Jahr der Offenheit?

Das Bild des Jahres: US-Präsident Reagan und Kremlchef Gorbatschow reichen sich in Genf die Hand und lächeln für die Kameras. Die Journalisten liefern den Text dazu: »Phase der neuen Entspannung eingeleitet.« Doch der kritische Beobachter fragt sich: was ist dieses Etikett wert, wenn wir gleichzeitig ohnmächtig zusehen müssen, wie menschlicher Geist und astronomische Summen von Geld in ein immer perfektionierteres Vernichtungspotential investiert werden? Diese Waffen haben auch im vergangenen Jahr allein durch ihre Kosten Millionen von Menschen an Hunger sterben lassen.

Freilich wäre es eine Illusion zu glauben, ein paar Gesprächsstunden könnten den riesigen Berg an Mißtrauen auf einmal beseitigen. Es ist wei bei Kartenspielern: solange man nicht weiß, daß der eigene Sieg ganz sicher ist, legt man die Karten nicht offen auf den Tisch, es sei denn, man wird zur Aufgabe gezwungen.

Doch eigentlich ist es unfair, immer nur auf die »Großen« mit den Fingern zu zeigen. Auch bei uns »Kleinen« gibt es viel Lächeln, das die stetige Aufrüstung vergessen machen soll, das lediglich eine Maske ist. Ein freundliches Gesicht kann beglücken, aber es kann auch eine grausame Lüge sein. Liebdienerei und Komplimente, wie ein Joker gezielt eingesetzt, zerstören das Vertrauen.

Menschen, die mich ständig nur mit Lob und schönen Worten überschütten, sind mir unheimlich. Ich weiß doch selbst, daß ich so gut gar nicht bin. Warum spenden sie dennoch soviel Weihrauch? Wollen sie etwas von mir und meinen, es sich mit Schmeichelei erkaufen zu können? Oder haben sie Angst, mir wirklich die Wahrheit zu sagen? Ich kann mir heraussuchen, wofür ich gehalten werde, auf jeden Fall nicht für das, was der zwielichtige Schmus mir vor die Füße legt.

Es gibt wohl keinen, der nicht behauptet, er würde Offenheit über alles schätzen. Jeder weiß auch: wenn er von seinen Freunden nie ein ehrliches Wort der Korrektur erhält, werden seine Feinde einmal umso unbarmherziger auf ihn dreinschlagen.

Aber auch Bismarck erklärte 1849 im Preußischen Landtag: »Offenheit verdient immer Anerkennung«, und dennoch versuchte er jeden zu bestrafen, der nicht das Gleiche dachte wie er selbst. Das ist das Problem: Offene Kritiker sollten wir schätzen und belohnen. Solange Ehrlichkeit bestraft wird, bleibt sie wohl immer eine Rarität. Das ist im vertrauten Raum von Ehe und Familie nicht viel anders als im permanenten Konkurrenzkampf im Kollegenkreis oder im Ringen um die günstigere Position in Wirtschaft und Politik.

Doch damit sollte man sich nicht abfinden, denn Schmeichelei, List und Trug sind keine Gesetze der Natur, sondern eine Erfindung des Menschen. Daher kann der Mensch dieses Verhalten, das wir oft mit dem Prädikat »diplomatisch« versehen, auch korrigieren. Zwar hatten schon die Redner der Antike durch die »captatio benevolentiae« (wohlwollende/schmeichlerische Verbeugung) so große Erfolge erzielt, daß sie bis heute als Vorbild angesehen werden. Es ist auch gar kein Fehler, dem anderen Komplimente zu schenken, aber ehrlich müssen sie sein und nicht vergessen lassen, daß eine einfühlsame Zurechtweisung oft noch hilfreicher ist.

Es ist Mode geworden, jedem Jahr ein Motto zu geben. Könnte es nicht auch ein »Jahr der Offenheit« geben? Das wäre übrigens gar nichts Neues, denn über mancher alten Haustür und auf unzähligen Urkunden steht: »anno domini«, zu deutsch: »Im Jahr des Herrn«, der sagte: »Eure Rede sei ja ja und nein nein. Alles weitere ist vom Übel.« Sein ärgstes Schimpfwort war übrigens: »Ihr Heuchler!« Daran sollten wir am Jahreswechsel denken, die Großen und die Kleinen.

Peter Hinsen

Weihnachtschrist mit guten Vorsätzen

Schon lange sind überall die Tannenbäume abgeschmückt und die letzten Silvesterknaller verklungen.

Voll war die Kirche wieder am Heiligen Abend. »Pastors« waren redlich bemüht, Stühle herbeizuschaffen, um möglichst vielen Gottesdienstbesuchern einen Platz anzubieten. Kleinere Kämpfe und Aggressionen um 40 Zentimeter Kirchenbank oder eine gute Aussicht auf den Prediger wurden diskret mit dem Mantel der heiligen Stunde zugedeckt. Wir Weihnachtschristen ließen uns mitreißen von der Innigkeit des Augenblicks. In vielen wurden Jugenderinnerungen wach, die sich mit dem »Alle Jahre wieder«-Choral verbunden hatten, und an manchen Stellen hatte das »Wie soll ich Dich empfangen« einen fast aufrichtigen Klang.

Und dann der Silvesterabend. Einige Weihnachtschristen − weit weniger. − hatten sich zum Jahresschlußgottesdienst eingefunden. Auch wir gehörten dazu, vielleicht weil endlich der langerwartete Schnee gefallen war und wir den Ausdruck unserer christlichen Grundhaltung mit einer stilvollen Wanderung durch eine weiße, friedliche Welt verbinden konnten. Ja, wir Weihnachtschristen sind traditionsbewußte Menschen.

Und dann hörten wir die Geschichte von den Spuren im Schnee; Zeichen, die verraten, welchen Weg man gewählt hat, die den Weg weisen dem, der zu folgen bereit ist, und die zeigen, daß noch jemand mit einem geht, wenn man sich verlassen fühlt. Wir erkannten, daß ein Weiterkommen ohne sichtbare Zeichen, Schneespuren, nicht möglich ist. Man geht nicht durch tiefen Schnee, ziellos und ohne Fußabdrücke zu hinterlassen. Immer kommt man irgendwo an, gibt es ein Haus, das Platz hat, einen Stuhl bietet, auch wenn es noch so eng ist, auch für einen Weihnachtschristen.

Recht still machten wir uns auf den Heimweg. Die Kinder, deren unbefangenes Toben auf dem Hinweg zu manchen Ermahnungen Anlaß gegeben hatte, wählten bewußt ihren Weg durch den unberührten Schnee. Man spürte das Setzen der Fußtritte und die Bedeutung, die sie ihren Schneespuren gaben. Nicht immer waren es gerade oder ebene Wege, die sie gingen; aber jeder Schritt war der eine gewesen den sie für richtig hielten.

Und wir — mit welchen guten Vorsätzen wollten wir in das neue Jahr gehen? Sicherlich, jeder von uns hatte sich bereits Gedanken darüber gemacht, sich etwas vorgenommen. Wir wollten so manche Unart des vergangenen Jahres hinter uns lassen, wieder von vorne anfangen, ohne beschriebenes Sündenregister. Der Klang der Kirchenglocken, die um Mitternacht zu uns herüberläuteten, überzeugte uns. Vieles würden wir im neuen Jahr demütiger, aufrichtiger, einfach christlicher machen.

Und nun sind bereits einige Wochen vergangen. Die großen Vorsätze — wie oft habe ich sie schon vernachlässigt, so manches Mal auf die Seite gelegt! Doch eine Änderung hat meine Familie erfahren. Als Weihnachtschrist hatte ich einen einfachen Hinweis gehört. Es war etwas, was ich tun kann, nicht etwas, was ich tun könnte.

Der Pfarrer hatte gemeint: Stellt einen Stuhl an euren Tisch für den, dessen Spuren vor Eurer Haustür enden.

Übrigens: Über meine Erfahrungen mit diesem Stuhl möchte ich in einem andern Beitrag dieses Buches berichten.

Petra Giesbert Isselhorst

Statt immer nur klagen,
lachen an allen Tagen!

Wie immer überall zur Faschingszeit
erfrischen soll uns die Heiterkeit.
Ich will Euch und mich und alle fragen:
Haben wir nichts zu lachen an sonstigen Tagen?
Besteht unser Leben nur aus Krankheit und Tod,
sitzen wir nur in einem Käfig mit Leid und Not?
Denkt Ihr, das müßte dem Pfarrer doch passen,
müßt er die Kirche sonst nicht schließen lassen?
Da bin ich dagegen, ganz und gar,
denn die Kirche ist nicht nur zum Klagen da.
Nur jene kennen sich aus in Christensachen,
die auch im grauen Alltag trotzdem lachen.

Wenn Ihr habt keinen Grund zum Lachen, zum Fest,
dann rat ich Euch, lacht doch über Euch selbst.
Tragen nicht oft komische Dinge die Schuld,
wenn wir glauben, wir hätten zum Lachen keinen Grund?

Eine Kleinigkeit, die etwas schief gelaufen,
macht uns zum Muffel, wir sehen nur Scherbenhaufen.
Andre müssen unser böses Gesicht dann ertragen;
ist doch zum Lachen, uns und andre dafür zu plagen.
Wer in der Frühe den falschen Fuß erwischt zuerst,
glaubt, nun geht alles den ganzen Tag verkehrt.
Der Mut und der Wille sind erstorben für Stunden.
Mein Rat: Lache und Du wirst wieder gesunden.

Grundsätze sind für uns zwar wichtige Begleiter,
doch oft werden sie mit Sturheit verwechselt, leider.
Wir sagen: »Ich nie, also grundsätzlich nein!«
Warum nicht lachen, statt solche Pein?

Manche schaun durch falsche Brillen,
und sehn im andern nur bösen Willen
den Faulpelz, den Dummkopf und Bösewicht.
Brächte da nicht Freude besseres Licht?

Auch der Neid, der Geiz sind ein schlimmer Feind,
der an uns nagt, uns beißt, bis man weint.
»Der Maier hat 'ne bessre Stelle, der Müller mehr Geld!«
Gibt es nicht schönere Dinge, auch in Deiner Welt?

Im Fasching, da zeigen wir, wie wir wollen sein,
fröhlich und heiter und nicht nur zum Schein.
Wenn wir Masken und bunte Kleider tragen
wollen wir damit nicht den anderen sagen:
»Lachen wäre mein Wunsch, doch nein, ich kann es nicht,
denn Klagen und Jammern ist mein Geschick?«

Wenn wir Christen wären, könnten wir das nicht sagen,
denn Jesus versprach auch den Menschen in unseren Tagen:
All jene, die jetzt trauern, jammern und weinen,
sollen lachen, froh sein, sich freuen.
Und nicht erst dann, wenn die Totenglock hat ausgeläutet,
nein jetzt, in diesen Tagen, Jahren und nicht nur heute.
Gerade, weil er es uns sagte, damals für immer,
sollten unsere Augen leuchten im Freudenschimmer.
Dann wär manches, was uns plagt, an der Freude hindert,
doch etwas, das man zum Lachen findet.

Und findet Ihr nichts zum Lachen in Eurem Leben,
dann lacht über Euch selbst, Gott mag es Euch geben.
Eine komische Figur, Eigenarten haben wir alle,
drum können wir lachen in jedem Falle.
Gott, dem Schöpfer des Menschen, wollen wir danken,
nicht wegen Kleinigkeiten uns ärgern und zanken.
Gott will, daß unsere Freude endlos sei,
nicht nur die paar Tage der Faschingszeit,
auch jetzt in dieser Stund sei sie dabei
und bleibe immer, jetzt und in Ewigkeit.

Peter Hinsen

Wie neu geboren

Dieser Ausdruck oder dieses Wort kommt uns allen bekannt vor. Es ist eine gängige Redewendung in unserem Alltag. Man kann sie hören, wenn Menschen morgens aus dem Schlafzimmer kommen und gut geschlafen haben. Ein anderer ruft nach einem erfrischenden Bad aus: »Ich fühle mich wie neu geboren.« Wieder ein anderer hat eine gutgelungene Operation hinter sich und fühlt sich deshalb wie neu geboren.

Es gibt diese Redewendung auch noch in einem anderen Sinn. Man meint sie sogar wörtlich und wünscht sich: »Könnte ich doch noch mal neu anfangen mit meinem Leben, mit meiner Ehe, mit meinem Beruf, dem Geschäft, mit Kollegen oder der Erziehung meiner Kinder!«

Andere wiederum verstehen diese Redewendung mehr bildhaft: sie waren erschöpft, niedergeschlagen oder erdrückt durch die täglichen Sorgen. Sie glaubten schon nicht mehr, daß es Menschen gibt, die zuhören können; daß Schuld nicht nur beglichen, sondern auch rundum vergeben werden kann. Aber die herzliche und freundschaftliche Begegnung mit Menschen und einem aufgeschlossenen Seelsorger haben sie eines anderen belehrt. Mit Recht sagen sie dann befreit: »Ich fühle mich wie neu geboren.«

»Wie neu geboren«, einmal gleichgültig, ob diese Redewendung wörtlich oder bildhaft gemeint ist, immer ist Hoffnung ausgesprochen, und zwar die Hoffnung als Sehnsucht: »Könnte ich doch noch einmal neu anfangen«; und die Hoffnung als Wunsch und Wille: »So wie im Moment müßte ich bleiben, nämlich neu, wie neu geboren.«

»Neu geboren« ist auch ein Wort der Bibel. Was sie meint, geht nicht auf eine menschliche Traumwelt und menschliche Vorstellungskraft zurück. »Neu geboren« wurden die Christen in der Taufe und in der Firmung. So verstehen sich auch viele, weil sie sich immer auf Jesus Christus und seine Worte verlassen und ihm abnehmen, was er sagt, zum Beispiel: »Ich bin die Auferstehung und das Leben!«

Viele lassen sich auf ihn und das Leben ein, das er uns verheißen hat. Sie sind überzeugt: weder Tod noch Versagen können uns von seiner Liebe und Treue trennen. Diese Hoffnung rechtfertigt auch ihre Mühen und ihren Einsatz für Glück und Frieden für andere. Diese Hoffnung läßt sie beherzt ihre Schuld erkennen, weil sie um seine Vergebung wissen.

»Wie neu geboren!« Der Prophet im Alten Testament vergleicht solche Menschen mit einem Baum, »der ans Wasser gepflanzt ist und am Bach seine Wurzel ausstreckt!«

Jetzt in der Fastenzeit sollen wir etwas dafür tun, daß wir uns an Ostern »wie neu geboren« fühlen können. Das täte uns gut. Und mancher, dem wir tagtäglich begegnen, würde sich auch darüber freuen.

Arnold Hartlaub

Ostern für Anfänger

Der Gang zum Briefkasten ist jeden Tag ebenso gleichbleibend wie aufregend. Die tägliche Zeitung, Drucksachen, Rechnungen nehme ich heraus. Fragend, wartend bin ich: wer hat mir heute wieder geschrieben? Am raschesten und ungeduldigsten reiße ich den schwarzumränderten Umschlag auf. Ein Freund, ein Bekannter ist nicht mehr da.

Ein Kondolenzbrief steht an! Da tue ich mir schwer zu schreiben. Leicht fällt es mir noch, zu sagen, was ein Mensch mir bedeutete. Ich kann zurückblicken. Ich kann Dank ausdrücken und schreiben. Aber wie zuverlässig wird mein Gedenken künftig sein? Es ist nicht sicher, für wie lange ich meine dankbare Erinnerung durchhalten kann. An zu viele Verstorbene denke ich bereits; auf manche muß ich mich erst wieder gezielt, absichtlich besinnen.

Vom Mitleiden und vom Kreuz kann ich auch noch ein Wort sagen: Mittrauernd, mitklagend, mitfragend: »Warum?«

Von Hoffnung möchte ich aber schreiben, über das Sterben möchte ich hinausblicken und über die Trauer hinausführen. Trauernde möchte ich an der Hand nehmen und vom Grab weg durch die Ostersonne führen. Einen Spaziergang der Hoffnung machen! Dabei umgehe ich lieber die großen Worte: Auferstehung, Seligkeit, Ewigkeit − sie fließen nicht so einfach aus meiner Feder; aber verlieren will ich mit den Worten nicht die Hoffnung, die in diesen Worten steckt.

Ich schreibe also: »Ich ahne etwas von Ihrem Kreuz, das Sie zu tragen haben. Ich ahne aber auch etwas von dem, der das Kreuz durchlitten und durchstanden hat. Davon möchte ich Ihnen etwas weitersagen.« Mir fällt vielleicht noch ein biblischer Satz dazu ein.

Denn als Anfänger brauche ich manchmal solche Einsager der Hoffnung.

Übrigens lerne ich nicht am Schreibtisch oder auf dem gedanklichen Spielfeld, sondern im Ernstfall am meisten von Hoffnung: auf dem Friedhof. Gerne gehe ich durch den Aschaffenburger Altstadtfriedhof. Ich sehe nicht nur Kreuze. Ich lese auch die Worte der Hoffnung von den Kreuzen. Anderen haben sie geholfen. Sie helfen wohl auch mir. Friedhöfe sind so nicht nur Orte des Leidens und der zerbrochenen Hoffnung.

Ich wage es also, den Kondolenzbrief mit einem Hoffnungs-Wort abzuschließen: »So grüße ich Sie in der Verbundenheit der Hoffnung.«

Friedrich Löblein

Mir ist, als wäre Pfingsten

Auch der Vatikan hat seine Sicherheitsmaßnahmen. Selbst dem unschuldigst dreinschauenden Pater wird das Schweizer Armeemesser, die »genialste militärische Errungenschaft aller Zeiten« (Kurt Marti) von der Polizei abgenommen, bevor er sich im Pulk der vielen Pilger zur großen vatikanischen Audienzhalle durcharbeiten kann. Dort angekommen, glaubt er bei einem rein polnischen Festival zu sein: ein Meer von rotweißen Fahnen, Schals und Plaketten, dazu Solidarnosc-Gesänge. Mir geht unwillkürlich durch den Kopf: »Uns Deutsche würde man bei einem solchen Verhalten sofort des Nationalismus bezichtigen.« Als hätte der Schweizer Gardist hinter mir meine Gedanken erraten, brummelt er vor sich hin: »Immer's Gliche, wenn die Pole chömme. Des sin doch verruckte Lüt!«

Die lange Zeit des Wartens auf den Papst wird ausgefüllt von allerlei Alleluja-Songs, die mich eher langweilen als begeistern. Meine Sitznachbarn sind natürlich — wie könnte es anders sein — Polen. Soll ich den Mann neben mir ansprechen? Ob er deutsch versteht? Soll ich, soll ich nicht? Endlich ist es heraus: »Sie kommen aus Polen?« — »Ja, wir kommen aus Zabkowice, dem früheren Frankenstein«, antwortet dieser in nahezu akzentfreiem Deutsch. »Ich bin der Buschauffeur und diese Leute hier gehören zu meiner Pilgergruppe.« Die Gelegenheit scheint ihm willkommen zu sein, mit einem Deutschen zu sprechen. Da ich einige Pallottiner in Zabkowice kenne, können wir sogar über andere Leute sprechen, was ja bekanntlich immer besonders interessant ist, selbst wenn man auf den Papst wartet. Er meint: »Die Pallottiner kenne ich schon sehr lange. Nachdem im letzten Krieg meine Eltern von den Deutschen umgebracht worden waren und auch meine beiden Geschwister verschollen geblieben sind, kam ich als Sechsjähriger in ein Waisenhaus zu Schwestern. Und über diese lernte ich die Pallottiner kennen.« — Was er sonst noch in diesem Moment sagt, nehme ich gar nicht mehr richtig wahr. — »Von den Deutschen umgebracht«, hat er gesagt, und jetzt sitzt dieser Waisenjunge von damals als erwachsener Mann so ganz selbstverständlich neben mir. Eigenartig, nichts in seiner Stimme läßt eine Verbitterung oder einen Haß vermuten. Alles klingt eher sachlich ruhig.

Ich will es genauer wissen: »Haben Sie keinen Groll mehr auf die Deutschen? Sie hatten doch sicherlich eine schwere Kindheit, mußten vieles entbehren?« — »O, ich habe lange Zeit einen Haß in mir getragen. Eigentlich bis ich meine Frau gefunden habe, bis ich eigene Kinder haben durfte«, und dann holt er seine Briefmappe aus der Jackentasche und zeigt mir stolz ein Foto, »und schauen Sie, seit sechs Wochen habe ich sogar ein Enkelkind. Da kann ich doch nicht mehr hassen!« Beschämt schweige ich. Erst jetzt bemerke ich so richtig, daß während unserer Unterhaltung der Papst schon längst eingetroffen ist und mit seiner Ansprache begonnen hat. Als dann im weiten Rund der Audienzhalle der Kanon von Mozart gesungen wird: »Dona nobis pacem«, da reicht mein polnischer Nachbar mir die Hände. Und ich sage zu ihm: »Ist das nicht ein Geschenk des Himmels, daß sich heute Polen und Deutsche die Hände geben können?« Er nickt. Mir ist, als wäre Pfingsten, wo Menschen unterschiedlicher Zunge sich plötzlich verstehen.

Nachdenklich verlasse ich die Audienzhalle, während die Menge noch dem Papst zujubelt. Ich denke jetzt anders über die Polen, mag mancher links oder rechts von mir noch genauso reden, wie ich es vordem getan habe.

Noch ein paarmal sehen wir uns im Laufe der wenigen Tage unseres Aufenthaltes in Rom: der polnische Chauffeur und der deutsche Pater, aber nie, ohne uns wenigstens rasch freundlich zuzuwinken.

Peter Hinsen

Muttertag steht vor der Tür

Wie alle anderen Gedenktage hat der Muttertag inzwischen seine Kritikerinnen und Kritiker gefunden. Wer dabei Kritik als genaue Betrachtung und bessere Betrachtung versteht, darf sich dazurechnen. So unbefangen wie zu unserer Kinderzeit können und dürfen wir alle ihn wohl nicht mehr feiern. Die Blüte des Muttertags ist vorbei, vielleicht trägt er demnächst Früchte. Ein Gespräch mit der Mutter könnte sie wohl reifen lassen.

Was man gegen den Muttertag einwenden kann, ist auch gegen die meisten anderen Gedenktage zu sagen: Tag der Arbeit, Volkstrauertag, Weihnachten. Ja, hinter jedem Sonntag kann ein Fragezeichen stehen. Aber auch das Betriebsjubiläum und den Betriebsausflug möchte ich dazurechnen. Alle diese Tage sind krank, wenn sie »die Lasten nur bekränzen«, statt sie zu nehmen und zu teilen.

So haben auch die berechtigten Einwendungen gegen den Muttertag ihre Wurzeln darin, daß mit diesem Tag nur ein nutzloses Trostpflaster aufgeklebt wird. Damit können die Wunden nicht geheilt oder gar verhindert werden, die der Frau und Mutter in ihrer Menschenwürde durch Familie und Gesellschaft tagtäglich zugefügt werden. Gesetzgeber, Männer, Väter und Kinder sind daran ebenso beteiligt, wie sie sich dann am Muttertag beteiligen. Das Mißverhältnis zwischen Alltag und Gedenktag schafft die Krise. Und damit steht dieser Tag in einer Reihe mit den meisten anderen Gedenktagen, ja sogar mit allen Sonntagen des Jahres.

Auf diesen Mißstand hat in umfassender Form schon der Apostel Paulus vor 1900 Jahren aufmerksam gemacht. In seinem Brief an die Römer beginnt das 12. Kapitel mit Gedanken über den wahren und angemessenen Gottesdienst. Paulus schreibt dazu: »Gebt euch selbst als lebendiges Opfer dar; gleicht euch nicht dieser Welt an, sondern wandelt euch und erneuert euer Denken.«

Niemand wird dem Apostel unterstellen wollen, daß er den Gottesdienst in der Gemeinde — den Sonntagsgottesdienst — für entbehrlich hält. Aber er ist durchaus der Meinung, daß der Sonntag, der Gedenktag, der Muttertag, seine Konsequenzen im Alltag haben muß. Dazu ist er gut und nötig und so wird er angemessen und wahr.

Unsere Muttertagsfeiern in der Familie werden dadurch glaubwürdig, daß wir als Beteiligte geradezu umdenken. Erst wenn wir nicht nur die Hingabe(fähigkeit) des anderen preisen und bekränzen, sondern uns selbst neben ihm mit gleichem Opfersinn einsetzen, werden wir einander und Gott den wahren Dienst erweisen.

Eckart Galler

Alles neu?

Der Mai-Ausflug wäre ein Grund gewesen, wieder einmal zu singen »Alles neu macht der Mai«. Wahrscheinlicher ist, daß der Satz nur gedacht wurde oder nur — eingeflochten in ein Gespräch — zur Paraphrase, zur Phrase wurde.

Freilich ist nicht alles nur neuer Schein. Es sind wirklich neue, vorher nie gewesene, nie geschaute Blätter, die mit beglückendem Hellgrün winken. Neue Blüten tupfen muntere Farben in die Welt. Erstaunliches Leben quillt aus dürrem Holz und steinhartem Boden. Und diese Lebendigkeit springt über. Sogar der Kranke versichert mir, daß es ihm Auftrieb gibt, vor dem Fenster die hellere, farbigere Welt zu sehen.

Aber leider macht er nicht alles neu, der Mai. Wir bleiben meist trotz Mai die alten. Höchstens neue Kleider und neue Sakkos legen wir uns um. Wir sagen zwar auch »Kleider machen Leute«, wie wir sagen »Alles neu macht der Mai«. Aber es ist zutiefst nicht wahr. Frühjahrskur und Frühjahrsputz sind nur Rundumerneuerungen. Auch Hormonschübe ändern uns nicht tief genug, nicht wesentlich. Und gerade wir Menschen könnten es am meisten gebrauchen, das Neu-sein: Neues Denken, neues Fühlen, neues Handeln. Nicht nur wir, auch die Natur könnte unsere innere Erneuerung brauchen. Wir sind Schlüsselfiguren für unsere Welt und Umwelt. Immerhin gibt es genug Beispiele dafür, daß die Natur es unseretwegen nicht mehr fertig bringt, ihre grüne, ihre neue Seite zu zeigen.

Und doch, es kommt immer wieder vor, daß ein Mensch neu wird, anders, und das von tief innen heraus. Dafür sind dann nicht mehr der Kreislauf der Natur und der Ablauf ihrer Jahreszeiten die Verursacher. Es ist nicht eine immer wiederkehrende Stelle eines Lebensrades. Es ist die einmalige freie Entscheidung eines Menschen. Es geschieht zwar selten aus heiterem Himmel. Doch plötzlich ist da so etwas wie eine Wende, eine Umkehr, eine Bekehrung. Ein Mensch setzt den Markierungspunkt seines Lebens neu. Er sieht von sich weg, sieht den anderen, sieht das Ganze. Er steuert auf die Verantwortung für das Leben, für die Welt, für die Schöpfung zu. Er setzt das Ziel in die Nähe einer Mitte, die längst vor ihm da war. Etwas anderes als bisher wird ihm heilig. Das gibt es − allerdings viel, viel seltener als neue Blumen und Blätter. Aber das gibt es.

Nicht liebliche Maienluft ist es, die dazu bewegt, sondern das Wehen eines neuen Geistes. Nicht der Mai gibt dazu Antrieb und Auftrieb, sondern die Kraft, die heute noch von Jesus ausgeht. Gottes Wort bewahrheitet sich: »Wenn jemand in Christus ist, dann ist er eine neue Schöpfung. Das Alte ist vergangen. Neues ist geworden.«

In dieser Kraft Gottes können sich alle Menschen, können auch wir uns wandeln, verwandeln. Diese Art neu zu werden, ist uns Menschen allein zugetraut und uns allein angemessen. Und wenn Gott dazu begeistert, dann mag es auch im Mai sein.

Eckart Galler

Kraft zum Danken

Im Sommer freuen wir uns an dem Gold der Getreidefelder, bald aber ist Erntezeit und das Korn wird eingefahren. Im Herbst oder im Frühjahr erst wird es als Saatgut wieder in den Ackerboden gegeben und dort, in der Tiefe, beginnt es langsam zu keimen. Im Dunkel der Erde entsteht neues Leben, neue Kraft.

Das Korn – es ist ein Bild für den Menschen. Heute steht er gereift, strahlend, selbstbewußt in der goldenen Zeit seines Lebens. Morgen findet er sich in Dunkelheiten gefangen, ausgeliefert, erschöpft, hingeworfen, müde und leer.

Wie kann er da, vergraben in Sorge und Angst, neu aus sich herausgehen, alte Verkrustungen durchstoßen, Licht auffangen, neu aufleben und wieder Frucht bringen?

Das Kreisen um die Ausweglosigkeit des Augenblicks bindet die Kräfte. Die Erfahrung, eingekreist zu sein, kein Tor in die Freiheit zu haben, lähmt. Doch dort, im Zentrum der Hoffnungslosigkeit, kann sich auch alles ändern durch den verheißungsvollen Versuch, die Unruhe sein zu lassen, zurückzulassen und zur Ruhe zu kommen, das klagende und anklagende Kreisen um sich selbst zu unterbrechen, es wieder neu mit dem Danken zu wagen!

Ganz einfach Gott danken für alles Bewahren und Behütetsein. Ganz einfach anfangen und nur ja nicht aufhören zu danken – für die Sonne, den Regen, den Freund . . . Aus dem Empfangen leben . . . Singen, wenn die Nacht auch dunkel ist . . .

So entsteht neue Kraft und vom Danken kommt es zum Loben, zum Staunen über den, der aus Dunkelheit, Verirrung und Leere ins helle Licht des Tages ruft. Schöpferisch setzt er immer neue Anfänge wie am ersten Morgen der Welt. Ihn lobt alles, was ist. Laßt auch uns einstimmen!

● Gott loben und dem behinderten Menschen liebevoll und unverkrampft gegenüber treten.

● Gott loben und dem abgerissenen Tippelbruder außer dem Geldstück auch noch ein freundliches, fragendes Wort schenken.

● Gott loben und Geduld haben mit den heranwachsenden Kindern, den alternden Eltern.

● Gott loben und Zeit haben für Traurige, Einsame, Kranke.

● Gott loben und Brücken bauen, wo Verlorenheit sich breit macht.

● Gott loben und Fürbitte tun für Entwurzelte und Heimatlose.

Ein Menschenleben, gelebt um Gott zu loben, ist ganz gewiß ein gesegnetes Leben.

Ein Menschenleben, das nicht an sich selbst festhält, sondern sich einbringt in das schöpferische Spiel von Nehmen und Geben, von Beten und Arbeiten, von Ruhen und Tätigsein, von Danken und Loben, ist ganz gewiß ein erfülltes Leben, so gewiß es von der Quelle weiß, aus der Kraft zum Danken kommt.

»Auf den Herrn hofft mein Herz und mir ist geholfen. Nun ist mein Herz fröhlich und ich will ihm danken mit meinem Lied.« (Psalm 28,7)

Helga Schnabel

Was tun?

Seit einigen Jahren rufen die evangelische Kirche in Deutschland und der Bund der evangelischen Kirchen in der DDR die Gemeinden zu Bittgottesdiensten für den Frieden in der Welt auf. Im Umkreis der Gottesdienste am Volkstrauertag und Buß- und Bettag wird von den Kirchen − ebenfalls seit Jahren − in die Gemeindehäuser zu Informationsabenden und Gesprächen über den Frieden eingeladen.

Friede ist Thema. Ist er nur das Thema unserer Reden? Wird nur geredet oder wird auch etwas dafür getan?

Wer auf der Straße Menschen anspricht und sie fragt, »Was tun Sie für den Frieden?« bekommt auch konkrete Antworten: »Ich erziehe meine Kinder dazu, daß sie Konflikte möglichst ohne Gewaltanwendung lösen.«

»Ich bemühe mich, über ausländische Mitbürger positiv zu denken und zu reden.«

»Ich habe eine Autoplakette mit einer Friedenstaube auf dem Heckfenster und versuche dementsprechend zu fahren.«

»Ich muß als Lehrer in einer sehr aggressiven Klasse darauf sehen, daß ich Widerstand leiste, ohne die Aggression zu provozieren.«

»Ich arbeite in einem Dritte-Welt-Laden.«

Diese und ähnliche Antworten geraten dann leicht in die Diskussion. Genügt das denn? Und sie geraten in die Wertung: Das bringt doch nichts! Nur, wer Anfragen oder gar Verurteilungen vorbringt, sollte selbst erst einmal ganz konkret ohne Ausflüchte die Frage beantwortet haben: »Was tun Sie für den Frieden?« Eigene Sprachlosigkeit macht bescheidener in den Ansprüchen und vorsichtiger in den Urteilen.

Es wird an den Antworten auch deutlich werden, daß der kleine Mann auf der Straße in die große Politik des Weißen Hauses so gut wie gar nicht einwirken kann. Der kleine Mann möge die kleinen Schritte, der große die großen Schritte tun. So tut jeder nicht mehr und nicht weniger als eben das Seine. Und das genügt.

Die Frage »Was tun Sie für den Frieden«, verändert sich jedoch zu der Frage: »Tun Sie das Ihre für den Frieden?«

Tut die Kirche das ihre? Sie bittet Gott um den Frieden, der in jedem beginnt und von dort in die Welt ausstrahlt. Das Gebet und der Gottesdienst gehören dazu – jedenfalls für den Glaubenden. Wo der Mensch sich nicht als der Macher versteht, eben glaubt, da greift er im Gebet nach der Verheißung Jesu »Meinen Frieden gebe ich euch«. Das hindert niemand daran, ermutigt durch diese Verheißung, auch das Seine zu tun. Wenn die Kirche in ihren leitenden Organen und in ihren einzelnen Gemeinden über Gottesdienste und Gebete hinausgeht, ist das in der Ordnung. Wenn die Bischöfe Resolutionen erlassen und Gemeinden Aktionen in Gang setzen, so sind sie damit nicht aus der Art geschlagen.

Jochen Klepper schrieb 1938 den noch heute gültigen Vers: »Die Hände, die zum Beten ruhn, die macht ER stark zur Tat. Und was der Beter Hände tun, geschieht nach SEINEM Rat«.

Eckart Galler

Der Friedhof – ein »Hof des Friedens«

Ein Besuch auf dem Friedhof meines Heimatdorfes: Das schöne schmiedeeiserne Tor am Eingang, das ich als Bub einmal gemalt habe. Die großen, alten Ahornbäume, von denen seit Generationen das Laub auf die Gräber der Toten fällt. Von hier heroben kann man ins Dorf hinunterschauen. Mir kommt es vor, als wären die Toten noch heute daran interessiert, was da unten geschieht. Eine eigenartige Atmosphäre. Hier ist nur Ehrfurcht und Respekt am Platz.

Ich schlendere durch die Reihen. Ich lese die Namen auf den Grabsteinen. Sehr viele von denen, die da liegen, habe ich persönlich gekannt. Ihre Gesichter steigen vor mir auf. Ich sehe sie vor mir, wie sie sich bewegten. Ich habe noch im Ohr den Klang ihrer Stimmen, ihr Lachen und manchen Ausdruck, der ihnen die Spitznamen eingebracht hat. Viele haben sich ihr Wahrzeichen aufs Grab meißeln lassen: der Schreiner den Zimmermann Josef, der Bauer Ähren und Sichel, der Bienenfreund den Bienenkorb. Da sehe ich den Grabstein mit der schmerzhaften Muttergottes. Unter ihr liegt meine Tante, gestorben mit 34. Im gleichen Grab ihr ältester Sohn, gestorben mit 22. Da lese ich ein paar Meter weiter Angela S., geboren 1955. Sie hat mit mir die Schulbank gedrückt; mit 16 schon tot. Da lese ich die Namen der Menschen, die nicht mehr ein noch aus wußten und sich das Leben genommen haben. Und da lese ich die Namen von Menschen, die fast ein biblisches Alter erreichten.

Ich stehe vor unserem Familiengrab. Da liegen meine Großeltern, die sich auf meine Geburt so gefreut hatten, die aber kurz danach schon gestorben sind. Und ich frage mich: Wer wird von uns der nächste sein, der zu euch gelegt wird?

Alle die Namen hier, sie haben die Atmosphäre unseres Dorfes mitgeprägt und seine Geschichte mitgeschrieben. Und es ist gut, sich beim Gang durch den Friedhof sagen zu können: Ich habe mit allen in Frieden gelebt. Dann ist wirklich, wie Fridolin Stier einmal schrieb, »der Friedhof auch für die Lebenden ein Hof des Friedens«.

Stefan Mai

Kirche — gestern und heute

Christliche Gemeinde

Im 1. Thessalonicherbrief, dem ältesten uns erhaltenen Paulusbrief, wendet sich der Apostel an die von ihm gegründete Gemeinde von Thessaloniki. Dabei erfahren wir etwas über seine Sorgen und seine Freunde, die zahlreichen Verfolgungen und Verleumdungen ausgesetzt waren. Er rät ihnen, in ihrem christlichen Streben nicht nachzulassen, und schließt seinen Brief mit einigen Mahnungen und Ratschlägen für das Zusammenleben innerhalb der Gemeinde.

- Die Haltlosen zurechtzuweisen und den Mutlosen Mut zuzusprechen,
- sich um die Schwachen zu kümmern und allen mit Geduld zu begegnen,
- nicht Böses mit Bösem zu vergelten, sondern dafür zu sorgen, daß allen Gutes getan wird,
- fröhlich und dankbar zu sein und zu beten,
- das Rechte im Auge zu behalten und sich von allem Bösen fernzuhalten.

Diese Sätze zeigen uns, daß die Gemeinde in Thessaloniki wirklich nicht aus Superchristen bestand. Es lebten und glaubten dort vielmehr Durchschnittsmenschen wie Sie und ich und die Ratschläge, die ihnen der Apostel erteilte, haben auch für uns eine gewisse Gültigkeit. So rät er uns, unsere Mitmenschen, die labil sind und keinen inneren Halt finden können, nicht einfach als unzuverlässig abzustempeln und fallenzulassen. Vielmehr sollen wir mit ihnen im Gespräch bleiben. Nur so ist es möglich, daß diese Menschen neuen Mut bekommen und sich dann vielleicht auch helfen lassen. Daraus folgt natürlich, daß wir uns auch um die Schwachen in unserer Gemeinde kümmern, egal worin diese Schwachheit besteht; und dabei kommt es auf die Kraft Gottes in uns selber an. Wenn wir auf diese Kraft vertrauen und sie in uns wirken lassen, werden wir auch die erforderliche Geduld aufbringen, Wege zur Hilfe zu finden.

Die nächste Mahnung, nicht Böses mit Bösem zu vergelten und dafür zu sorgen, daß Gutes getan wird, ist sicher sehr hart für uns, bedeutet es doch eine Art von innerer Genugtuung, wenn wir etwas »heimzahlen« können. Ich kann mir vorstellen, daß dem Apostel Paulus gerade dieser Ratschlag sehr am Herzen gelegen hat, und wir beten ja schließlich auch: ». . . vergeben unseren Schuldigern . . .« Wir sollten uns bemühen, diese Worte aus dem Vaterunser nicht zu einer Phrase werden zu lassen. Dann wird es uns sicher auch gelingen, nach dem Grundsatz zu leben, unsere Mitmenschen so zu behandeln, wie wir gerne von ihnen behandelt werden möchten.

Der Rat, fröhlich zu sein, sollte nicht mißverstanden werden. Wir dürfen daraus keine Aufforderung an Stimmungskanonen ableiten und brauchen Trauer und Sorgen auch nicht zu verdrängen. Vielmehr will uns Paulus sagen, daß wir Grund zur Freude haben, weil Gott in unserer Nähe ist und wir uns auf ihn verlassen können. Gott wendet sich nicht von uns ab. Wir dürfen uns von ihm beschenken lassen; und da ist es doch ganz selbstverständlich, Dank zu zeigen und im Gebet weiter mit Gott im Gespräch zu bleiben.

So ist auch die letzte Mahnung zu verstehen, stets das Rechte im Auge zu behalten. Wie oft erleben wir es, daß einer unserer Mitmenschen Hilfe in irgendeiner Gemeinschaft zu finden glaubt, die ihm am Ende nur schadet. Wie oft schon haben sich Menschen Ideen verschrieben und sind dann zusammen mit diesen Ideen gescheitert. Hier fordert uns der Apostel unmißverständlich auf, nicht alles unkritisch zu schlucken, was Hilfe verspricht oder Hoffnungen weckt. Eine Richtschnur dabei sind uns die Gebote Gottes. Sie helfen uns zu entscheiden, was gut und richtig ist und was uns und unseren Mitmenschen zum Besten dient.   *Christoph Plagwitz*

Tausend Jahre wie ein Tag

Menschen prägen Geschichte und werden von ihr geprägt. Was gestern war, begleitet uns auch heute und morgen. Ein Ereignis vom Juni dieses Jahres hat mich angeregt, darüber nachzudenken. Damals las ich in der Zeitung: »Die Gründung der Benediktinerabtei in Amorbach vor 1250 Jahren soll würdig gefeiert werden. Im Jahr 1734 beging der Mönchskonvent von Amorbach dort seine Tausendjahrfeier. Auch 181 Jahre nach der Auflösung des Klosters wird man dieses weit zurückliegenden, aber bis heute Wirkung zeigenden Ereignisses gedenken.« Soweit das Zitat.

Als evangelischer Christ sehe ich diese Wirkung unter anderem auch darin, daß in der ehemaligen Abteikirche (1985 seit 125 Jahren) die evangelische Gemeinde zu ihren Gottesdiensten einkehrt. Die Geschichte der Abtei Amorbach, die von mancherlei Kriegswirren und Umbrüchen geprägt ist, ist auch ihre Geschichte.

Der »Reichsdeputationshauptschluß« von Regensburg (1802–1803) hatte die Säkularisation der Abtei verfügt und sie als Entschädigung an das dem evangelischen Bekenntnis angehörende Haus Leiningen gegeben. Doch auch der neuen Gemeinde galt der Tempelweihspruch Salomos über dem Portal der 1742–1747 gebauten barocken Abteikirche: »Höre nun das Flehen deines Knechtes, deines Volkes, was sie bitten an dieser Stätte; höre es aber von der Stätte deiner Wohnung, vom Himmel! Und wenn du hörst, wollest du gnädig sein!« (2. Chron 6,21).

Das Glauben, Beten, Rufen wird ab 1782 durch die berühmt gewordene Stumm-Orgel (nach 8jähriger Bauzeit) erheblich »verstärkt«. Bach wird oft der fünfte Evangelist genannt. Sein musikalisches Glaubenswerk feiert heute in jedem Gottesdienst mit.

So ist für mich die Geschichte Amorbachs und seiner Abtei ein beredtes Beispiel dafür, daß die Tumulte der Geschichte sich zwar in Menschengründungen widerspiegeln, dennoch aber die Pforten der Hölle die Gemeinde Gottes nicht überwältigen, so wahr sie den einen Herrn bekennt (Matth 16,18) – und das von den ersten Anfängen an. Wie einst die Apostel durch Christus berufen und von seinem Geist erfüllt wurden, so gewiß auch der Konvent der ersten Mönche. Ihre Berufung wirkte sich sichtbar aus zum Wohl und zum Segen für die Menschen auch außerhalb der Klostermauern; denn im Schatten und Schirm der Abtei entstand die blühende Stadt. Bald erhoben, bald unterdrückt, sind die Mönche ein Beispiel für Leidenmüssen und manchmal auch für den Sieg des Volkes Gottes. Die mönchische Lebensform ist also kein Selbstzweck, sondern bis in unsere Tage hinein eine Insel, die zum Christusbekenntnis inmitten der Welt einlädt.

Menschen prägen Geschichte und werden von ihr geprägt. Als Christ bekenne ich darüber hinaus: Auch Gott hat seine Geschichte mit uns Menschen. Er bleibt sich selbst treu und uns, seinem Volk. In jeder Zeit, wie hell oder dunkel sie sei, leben wir durch die Gnade, die Gott uns schenkt. Durch uns soll sie dann auch Hand und Fuß bekommen und die Geschichte der Menschen prägen.

Die Jahrhunderte kommen und gehen, nur der, vor dem tausend Jahre wie der Tag sind, der gestern vergangen ist – der bleibt.

Hans-Geerd Fröhlich

Lieber Papst Johannes Paul

So darf ich Dich wohl anreden. Ich möchte Dir heute ganz einfach schreiben, was mich bewegt.

Es freut mich, daß Du in der Welt so gut ankommst. Hoffentlich bleibst Du noch lange fit für Deine strapaziösen Reisen in die ganze Welt. Aber Du könntest dies nicht so unternehmen, wenn nicht Deine Vorgänger schon so viel Ballast abgeworfen hätten. Die Tiara als Zeichen von Macht wurde verkauft; Du brauchst Dich nicht mehr auf einer Sänfte tragen lassen und wenn Deine Mitbrüder im Bischofsamt alt werden und den Aufgaben nicht mehr gewachsen sind, dürfen sie sich aufs Altenteil zurückziehen.

Zudem, seit die vielen Bischöfe aus der ganzen Welt in Rom beim Konzil versammelt waren, ist mächtig viel in Bewegung geraten: Unsere evangelischen Mitchristen sind nicht mehr unsere erklärten Gegner, sondern wir fangen an, uns gegenseitig zu respektieren. In unseren Kirchen versteht man jetzt auch, was gesagt und getan wird. Die Pfarrer versuchen wirklich, vom Evangelium her Antwort zu geben auf die vielen Ängste und Sorgen unserer Zeit. Nur schade, daß so wenig sich am Sonntag dafür Zeit nehmen.

Viele aber sind schon wach geworden und packen an, ohne daß sie dazu geheißen werden und sagen auch ihre Meinung, allerdings manchmal ziemlich unverfroren. Wenn ein früherer Katholik von den Toten auferstehen würde, käme er bestimmt in vielen Dingen nicht mehr mit. Genau das ist das Schlimme: Auch Jetzige sind ziemlich verunsichert und wissen überhaupt nicht mehr, was noch gilt und wahr ist. In ihrer Not klammern sie sich an kleinliche Vorschriften und behaupten, daß die anderen bestimmt keine Christen mehr sind. Du weißt es ja: Es ist schlimm, wie sich Gutmeinende ständig in die Haare geraten; während sie sich gegenseitig das Leben schwer machen, lachen die anderen, die mit der Kirche nichts am Hut haben, sie aus. Sag ihnen doch, wie notwendig es ist, daß alle an einem Strick ziehen.

Aus verschiedenen Befragungen habe ich erfahren, daß die meisten tun und lassen, was sie wollen: in der Politik und auch in der Moral. Das Sprichwort: »Gibt Gott das Häschen, gibt er auch das Gräschen« zieht nicht mehr. Ich glaube, wir dürfen froh sein, wenn zwei Menschen sich verstehen und miteinander beraten in Verantwortung, wie sie »es« machen. Da könntest Du ihnen noch ein bißchen Mut machen.

Was mich noch mehr bedrückt, ist die schreiende Ungerechtigkeit in der ganzen Welt und die schreckliche Arbeitslosigkeit. In einem Rundumschreiben vor vier Jahren hast Du deutliche Worte gefunden, aber selbst die Treuesten haben sie nicht gelesen oder nicht verstanden. Ich bitte Dich, werde nicht müde, weiter für die einfachsten Menschenrechte einzutreten − wer soll es denn sonst tun? Laß Dich nicht verwirren, wenn Dir einige vorwerfen, Du solltest Dich mehr um die letzten Dinge kümmern, und sogar mit dem Austritt drohen.

Ganz unrecht haben sie trotzdem nicht: Von Dir darf man ja verlangen, daß Du über den Realitäten stehst und Dich nicht anstecken läßt von den ewigen Pessimisten, die ständig mit dem Untergang der Welt drohen − woher wollen die es wissen? Wenn alle guten Willen zeigen würden, dann ließe sich vieles zum Besseren wenden.

Lieber Papst! Die Menschen sind begeistert, wenn sie merken, daß Du sie ernst nimmst. Laß Dich nicht von diesem Kurs abbringen, dann hast Du viele Chancen.

Dein Dich hochschätzender
Pater Matthias Doll

Barmen

Vor über 50 Jahren, am 31. Mai 1934, beschloß die erste deutsche Bekenntnissynode in Wuppertal-Barmen die »Theologische Erklärung zur gegenwärtigen Lage der Deutschen Evangelischen Kirche«. Es war das Bekenntnis, daß allein Jesus Christus Herr über Leben und Sterben der Christen ist. Sie haben allein auf dieses Wort Gottes zu hören, ihm zu vertrauen und zu gehorchen. Die Barmer Theologische Erklärung wurde damals einstimmig von den Sprechern der Kirchen beschlossen, die gegen den totalen Anspruch des Nationalsozialismus auf alle Lebensbereiche am unverfälschten Evangelium festhielten. Lutheraner, Reformierte und Unierte, Nord- und Süddeutsche, konservative, liberale und progressive Christen fanden sich in diesem kirchlichen Wort. Die Mitglieder der Synode hielten an den reformatorischen Bekenntnissen ihrer Landeskirchen fest. Sie vermieden für die Barmer Sätze das anspruchsvolle Wort »Bekenntnis«. Aber sie nahmen es als »christliches, biblisch-reformatorisches Zeugnis« an.

Mit der Zeit ist es in der evangelischen Kirche zum Bekenntnis geworden. An ihm entzündete sich nicht nur das Nein gegen die Pläne zur Gleichschaltung der evangelischen Kirche mit der nationalsozialistischen Weltanschauung immer neu. Die Barmer Erklärung bildete auch nach der Zeit Hitlers einen Teil des Grundes, auf dem in Deutschland die evangelischen Kirchen festen Grund für die Gemeinsamkeit ihrer Verantwortung vor dem deutschen Volk und der Menschheit fanden.

Die Barmer Erklärung ist von dem Schweizer Theologen Karl Barth entworfen worden. In manchen Formulierungen spürt man Schwächen und Einseitigkeiten seiner Ansichten. Trotzdem hat diese Erklärung anders als die vielen damals entstehenden Bekenntnisse zum Evangelium allgemeine Bedeutung gewonnen. Der Grund war die Konzentration auf die Frage, auf die für den evangelischen Glauben alles ankam: Die Entscheidung, ob das Schicksal Deutschlands und jedes einzelnen Deutschen von Hitler abhing oder von Jesus Christus. Auf diese Hauptfrage hat die Barmer Erklärung eindeutig geantwortet: »Jesus Christus, wie er uns in der Heiligen Schrift bezeugt wird, ist das eine Wort Gottes, das wir zu hören, dem wir im Leben und Sterben zu vertrauen und zu gehorchen haben.« Und: »Wie Jesus Christus Gottes Zuspruch der Vergebung aller unserer Sünden ist, so und mit gleichem Ernst ist er auch Gottes kräftiger Anspruch auf unser ganzes Leben; durch ihn widerfährt uns frohe Befreiung aus den gottlosen Bindungen dieser Welt zu freiem, dankbarem Dienst an seinen Geschöpfen. Wir verwerfen die falsche Lehre, als gebe es Bereiche unseres Lebens, in denen wir nicht Jesus Christus, sondern anderen Herren zu eigen wären, Bereiche, in denen wir nicht der Rechtfertigung und Heiligung durch ihn bedürften.« Und: »Der Auftrag der Kirche, in welchem ihre Freiheit gründet, besteht darin, an Christi Statt und also im Dienst seines eigenen Wortes und Werkes durch Predigt und Sakramente die Botschaft von der freien Gnade Gottes auszurichten an alles Volk. Wir verwerfen die falsche Lehre, als könne die Kirche in menschlicher Selbstherrlichkeit das Wort und Werk des Herrn in den Dienst irgendwelcher eigenmächtig gewählter Wünsche, Zwecke und Pläne stellen.«

Hitlers Macht stellte die evangelische Kirche nicht eine andere Politik entgegen. Sie berief sich auf das einzige Mittel, das der Kirche anvertraut ist: das Wort. Anstelle des nationalsozialistischen Unrechtsstaats herrscht jetzt im Rechtsstaat die Freiheit. Aber Gefahren für Zusammenleben und Bestand der Menschheit und Versuchungen für jeden einzelnen gibt es heute nicht anders als damals. Was 1934 in der unmittelbaren persönlichen Bedrängnis bekennende Christen in Barmen sagten, gilt auch heute. Aufgabe jedes Christen ist, statt sich politisch mittreiben zu lassen, zu prüfen, was Gottes Wille ist. Auftrag der evangelischen Kirche ist nicht die Aufrichtung einer eigenen Politik, sondern die unablässige Mahnung an die Christen, auf Gottes Wort zu hören und allein ihm zu vertrauen und zu gehorchen.

Dr. Karl-Alfred Odin, Alzenau

Dem Glauben Flügel geben

In seinem Buch »Eine Welt ohne Christus« fragt der Schriftsteller Heinrich Böll: »Wie ist es möglich, daß 800 Millionen Christen diese Welt so wenig zu verändern vermögen, eine Welt des Terrors, der Unterdrückung und der Angst?« Und er gibt auch gleich seine Antwort auf diese Frage: »Man ist nicht Christ, sondern gehört zum ‚christlichen Lager‛, man glaubt nicht an Christus, sondern ‚macht in Christentum‛.«

Böll spricht eine Erfahrung an, die auch ich immer wieder mache: Wenn einer für sich in Anspruch nimmt, »christlich« zu sein, dann muß das noch lange nicht bedeuten, daß er sich auch wirklich dem Anspruch von Jesus Christus aussetzt. Anspruch und Wirklichkeit klaffen auseinander. Ich entdecke beim Apostel Paulus, daß dieses Problem so alt ist, wie es Christen gibt, sonst hätte er im Galaterbrief wohl nicht mahnen müssen: »Wenn wir im Geist leben, so wollen wir uns auch nach dem Geist richten« (Gal 5,25). Offenbar ließen sich die Christen damals schon von allem möglichen begeistern, nur nicht vom Geist des Jesus von Nazareth. Und Paulus wird dann auch gleich ganz konkret: »Laßt uns nicht nach eitler Ehre trachten . . .« (Gal 5,26a)

Das ist aktuell. Das kenne ich. Nicht nur aus dem politischen Leben, auch aus den Reihen der Kirche(n).

Welche Befriedigung liegt doch darin, anderen überlegen zu sein. Um selber groß zu erscheinen, macht man den anderen am liebsten ganz klein. Je dunkler die Folie des anderen, um so heller strahlt vor diesem Hintergrund das eigene Licht.

Die Evangelien berichten davon, daß selbst die Jünger Jesu nicht frei waren von dieser Absicht. Es genügte ihnen nicht, zum Freundeskreis Jesu zu gehören. Es reichte ihnen nicht, von Jesus gerufen zu sein – sie strebten nach Höherem. »Wer ist der Größte unter uns? Wer ist den andern überlegen an Geist, Frömmigkeit, Autorität?« So fragten und stritten sie sich. Die Antwort Jesu ist bezeichnend: »Wenn jemand der Erste sein will, soll er der Letzte von allen sein und aller Diener.«

Füreinander eintreten, auf das Glück des anderen aus sein, heilen, nicht herrschen – dafür tritt Jesus ein, und Paulus hat ihn verstanden: Wer Christ sein will, der soll Christus auch ernst nehmen, sich von ihm begeistern, beflügeln lassen.

Sören Kierkegaard, ein Theologe des vergangenen Jahrhunderts, erzählt dazu eine schöne Fabel:

Die Gänse haben den Gottesdienst bei sich eingeführt. Sonntag für Sonntag kommen sie zusammen. Der alte Gänserich predigt, und alle hören andachtsvoll zu. Er predigt davon, zu welch hohem Ziel der Schöpfer die Gans bestimmt habe. Alle nicken ehrfurchtsvoll. Er predigt: Es ist unsere hohe Würde, daß wir Flügel haben. Wir können fliegen. Wir können uns vom Erdboden frei in die Lüfte hochschwingen mit Hilfe der Flügel, die uns der Schöpfer gegeben hat.

Nach dem Gottesdienst gehen die Gänse befriedigt nach Hause, um am nächsten Sonntag wiederzukommen und von ihrer hohen Würde zu hören. Und sie gedeihen, werden fett und delikat, und der Martinstag kommt näher, an dem sie geschlachtet und verspeist werden sollen – nicht alle; denn unter den Gänsen sind einige einzelne, die kein Fett angesetzt haben und mager geblieben sind. Die anderen wundern sich und fragen: Was ist denn los mit euch? Wir verstehen nicht, daß ihr nicht so gedeiht wie wir. Da tritt eine magere Gans auf und sagt: Wißt ihr nicht, was der alte Gänserich in seiner Predigt gesagt hat? Es ist unsere höchste Würde, daß wir Flügel haben. Wir wollen mit seiner Predigt ernst machen! Wir probieren das Fliegen! Wir werden zwar mager dabei, doch Fliegen ist allemal schöner, als fett auf dem Erdboden zu watscheln.

Ob es nicht auch für uns schöner wäre, unserem Schöpfer die Ehre zu geben und uns vom Geist Jesu beflügeln zu lassen, anstatt uns auf ihm auszuruhen?

Robert Rüster

Wenn wir Heinrich Böll noch etwas fragen könnten . . .

. . . leider können wir es nicht mehr − obwohl er nun weiß, wonach er zeitlebens forschte, obwohl er nun gefunden hat, was er zeitlebens suchte.

Sein Leben, ein Leben der Widersprüche; seine Straße, ein Zickzackweg; seine ganze Leidenschaft, die Auseinandersetzung mit dem falschen Pathos, mit der Lüge, der Gedankenlosigkeit, der Verfälschung der Wirklichkeit − ein wahrhaft menschliches Leben. Heinrich Böll, Mensch wie du und ich, einer von uns.

Und doch klafft eine Lücke. Sie provoziert jene Frage, die er uns nicht beantworten kann; eine sehr grundsätzliche Frage, die einer grundsätzlichen Antwort bedurft hätte.

Als Heinrich Böll vor etlichen Jahren der Kirche den Rücken kehrte, geschah dies mit Eklat; er gab die Gründe an; er formulierte sein Motiv. Es war anders, als wenn ein abgestandener, halbherziger Christ endlich Farbe bekennt und »aus der Kirche austritt«. Der Kirchenaustritt Bölls war ein spektakuläres Ereignis, war Protest gegen den »Betrieb« in der Amtskirche. Er demonstrierte die Ausweglosigkeit des Christen, der das Christentum ernst nimmt und für den das Ritual mit seinem Glanz keinen Sinn mehr hat, eine spektakuläre Tat aus so gutem Grund, daß mancher sich fragte: »Wenn dieser geht, kann ich dann noch bleiben?«

Seine Tat zog Kreise, gab Anstöße, fand Nachahmung.

Nun kehrte Heinrich Böll zurück. Man las es in der Presse, die es bei ihren Berichten über die Trauerfeierlichkeit an den Rand gekritzelt hatte.

Heinrich Böll spricht nicht mehr. Die wenigen, die sein Motiv für die Heimkehr kennen, schweigen sich zu Recht aus. Naive Christen sehen darin die Heimkehr des verlorenen Sohnes und sind gerührt. Noch naivere, die sich leider manchmal einer gewissen Häme nicht enthalten können, meinen vielleicht mit Augenzwinkern: »Schauschau, also auch der Böll!«

Wir kennen nicht das Motiv seiner Umkehr, Heimkehr, Rückkehr. Ganz sicher aber war Böll keiner, der zu Kreuze kriecht, der eine Rückversicherung abschließt, solange es noch Zeit ist, im Sinne des »Nichts Genaues weiß man nicht«. Er, der leidenschaftliche Gegner des Pathos, des falschen Glanzes, des bürgerlichen Dekors (in dem kirchliche Rituale eben eine gewisse Rolle spielen), war er wirklich auf eine kirchliche Beerdigung so scharf?

Ihm möchte man gerne die Frage stellen: »Warum, Heinrich Böll, rufst Du die Kirche an Dein Krankenlager? Warum versöhnst Du Dich in aller Stille? Du vollzogst den Bruch vor Jahren doch in aller Öffentlichkeit. Warum, Heinrich Böll, Streiter für die Wahrheit gegen jede Frömmelei, gegen jede Gläubigkeit, die den Kern verloren hat und früher oder später in den Aberglauben abrutschen wird, warum hast Du gewartet, bis Du uns den Grund für Deine Versöhnung nicht mehr selbst sagen konntest? Die anderen haben auch keine Befugnis, uns zu erklären, was Dir so am Frieden mit der Kirche lag, am Frieden mit jener Kirche, die in ihrer ganzen Heiligkeit so menschlich, allzumenschlich ist – wie eben Menschen sind.« Heinrich Böll kann nicht mehr antworten.

Karl Böhm

Sehnsucht nach einfachen Antworten

Die Entwicklung nimmt groteske Züge an. Da steigen die Wasser des Mißtrauens gegen die Heilsversprechungen der Politiker; da glaubt einer dem anderen nicht mehr; da traut der Sohn dem Vater nicht mehr, und der Vater ist unglücklich darüber, daß der Sohn »so ganz aus der Art schlägt«; da zerbrechen sich die einen den Kopf, wie endlich der Frieden unter den Menschen zu besiegeln wäre, andere ziehen demonstrierenderweise durchs Land, in der einen Hand das violette Tüchlein, die andere geballt in wilder Entschlossenheit, den Frieden um jeden Preis herbeizudemonstrieren. Da bestätigten Psychologie und Soziologie und Statistik der jungen Generation, wie recht sie mit ihrer sagenhaften Verzweiflung und mit ihrer Wut auf alle und alles hat, und diese Wissenschaften bestärken uns in der Meinung, man müsse nur immer über alles reden, miteinander, gegeneinander, über einander, dann käme es schon, das Paradies auf Erden.

Wo sind eigentlich wir Christen? Was üben wir: Toleranz, liebevolles Verständnis, Demut? Oder üben wir uns in Tiefstapelei, Bierruhe, Weggucken? Diese Frage muß doch erlaubt sein. Verheimlichen wir, daß wir eine Antwort wissen auf die bohrenden Fragen der Gegenwart, bündige und schlüssige Antworten, nicht aus eigener Weisheit, sondern aus dem Glauben des Wissenden und aus dem Wissen des Gläubigen? Oder schenken auch wir Christen dem Evangelium keinen Glauben mehr?

Ob wir nicht doch gelegentlich die Politiker danach fragen sollten, die sich rund um die Uhr um Menschenprobleme die Köpfe zerbrechen; die Lehrer in den Schulen, die den jungen Menschen die Wege durch die Welt weisen; die Moderatoren und Kommentatoren der Massenmedien, die stolz auf die Einschaltquoten sind? Sie alle sollten wir fragen, wieso sie unsere christliche Frohbotschaft für Kindergeschichten halten, für Salbung und Gefühlsduselei; wieso sie sich nicht dort den Rat holen im Wirrwarr der Zeiten, wo der Herr der Welten selbst die Wege weist? Wir sollten alle, die der Kirche gegenüber fremdeln, fragen, ob sie nicht allmählich der tausend Rezepte für alle Lebenslagen überdrüssig geworden sind und nicht die Sehnsucht nach einfachen Antworten auf komplizierte Fragen haben, wie sie uns doch ein für allemal gegeben worden sind — und an die wir, so darf man doch hoffen, im Verborgensten unseres Herzens immer noch glauben.

Da wäre aber noch eine Adresse, an die sich Bitte und Frage wenden müßten: Ihr, die Ihr Euer Leben in ganz besonderer Weise dem Herrn zur Verfügung stellt! Übet Eure Demut, wo immer dies möglich ist — aber laßt doch etwas mehr spüren von der Freude, vielleicht auch von dem Stolz, berufen zu sein für ein hohes Lotsenamt, für die Verkündigung der Wahrheit und sagt sie uns und allen, aber sagt sie uns schlicht, nicht wissenschaftlich verfremdet. Wir möchten sie gerne aufnehmen, nicht nur mit dem Verstand, auch mit dem Herzen.

Karl Böhm

Flagge hissen zur rechten Zeit

Spazierwege und Ruhebänke an den Ufern des Mains sind so etwas wie Guckfenster in die weite Welt.

Wenn das Tuckern eines Mainschiffes näher kommt, gehen unsere Augen dem Schiff entgegen, sie saugen sich am Bootskörper fest und folgen ihm, bis er hinter der Flußbiegung verschwindet. Ein gutes Stück unserer Reiselust und unseres Fernwehs nimmt das Schiff mit auf seine Reise.

An einem Punkt des Schiffes bleiben unsere Augen länger hängen. Er verrät uns, woher es kommt, wo sein Heimathafen ist: die Flagge!

So grüßen wir dann stumm den Franzosen, den Holländer, den Fahrensmann aus Duisburg oder Rotterdam.

Drei, vier und mehr Schiffe gleiten vorbei, während unserer kurzen Rast − und jedes hat uns verraten, wohin es gehört.

Ein Gang durch die pulsierende Einkaufsstraße der Stadt treibt 20, 50, 100 Menschen an uns vorbei; unsere Augen fassen sie nicht mehr − Gesichter, Gesichter und fast immer der gleiche abwesende Blick, der gleiche, zu unverbindlich lächelnder Höflichkeit bereite Mund, ein betriebsamer, gesitteter Maskenzug . . . Der eine etwas fröhlicher, nachdenklicher der andere, und selten ein Gesicht, das unsere Augen für eines Atemzugs Länge festhält und in uns die Frage weckt: Was mag dieser wohl sein, wohin mag jener wohl gehören?

Alle, alle sind in diesem Zuge: Die Guten, die Zwielichtigen, die Kämpferischen und die mit den lahmgewordenen Flügeln, die Immer-Lustigen und die zu Tode Betrübten, die Hoffnungsvollen und die Verzweifelten − sie tragen ihre Maske mit großem Anstand durchs Gewühl, jeder ein Boot ohne Flagge.

Gewiß, es ist ein durch und durch törichter Wunsch, es möchte uns die Hellsichtigkeit beschert werden, durch die Masken hindurch das wahre Antlitz und das innerste Wesen derer zu erkennen, die auf der Gegenbahn an uns vorbeiziehen. Aber nachhängen darf man doch einmal dem Gedanken und sich ausmalen, wie das so wäre. Was bekäme der Traurige zu sehen! Er sähe viele, die Trauer tragen wie er, und viele, die verzweifelter sind als er. Der Barmherzige sähe im Gegenstrom die vielen, die wie er Bruder sein möchten für jeden, der des Bruders bedarf. Er wäre vielleicht getröstet und sähe: Ich bin gar nicht so allein! Der Gute sähe, daß viele jedenfalls mehr, als er meinte, sich ebenso wie er mühen um den Weg, und er fühlte sich nicht so verloren: Und der mit dem übervollen Herzen, der nichts von Rousseau weiß und dessen Lehre, der Mensch sei von Natur aus gut, sondern die Menschen liebt, weil Christus sie geliebt hat, sähe die vielen, die ihre Liebesbereitschaft hinter einer Maske der Blasiertheit verstecken aus Furcht, es könnte gerade der auf ihre Hand schlagen, dem sie sie zur Hilfe entgegenstrecken.

Und der, der heute schon gebetet hat, sähe, daß auch andere heute ihre Seele zum Schöpfer erhoben haben – und er wüßte: Ich bin gar nicht allein.

Sicher wären es heute nicht sehr viele, aber sicher noch so viele, daß man spürt: Noch gibt es die Gemeinde derer, die guten Willens sind.

Der törichte Wunsch nach so viel Hellsichtigkeit wird sicher nicht erfüllt. Wer trägt schon seine Herzensgüte, seine Menschenliebe, seinen Glauben offen auf die Straße und über die Märkte? Selbst die Priester tragen ihre Tarnanzüge und mühen sich um ein Alltagsgesicht.

Und doch brauchen es so viele, Junge und Alte, daß irgendjemand dort, wo es drauf ankommt, Farbe bekennt, Flagge hißt, damit auch sie Mut in der Verwirrung schöpfen können, damit sie sich leichter selber finden, damit sie sich »in der Gemeinde der Spötter« nicht allein fühlen müssen.

Ich rede gar nicht von der hohen Tugend des Bekennermutes. Hier ist nur die Rede davon, wie gut es täte, in der Runde der Zotenerzähler einen zu erleben, der seine Zunge im Zaum hält; im Kreise der Super-Gescheiten den Bescheidenen; in Lärm und Umtrieb den, der um Ruhe bittet; auf den Bänken der Schnellredner, der Patentlöser, der Rationalisten und Anbeter des materiellen Fortschritts den, der sich nicht scheut, die Sprache des Herzens zu sprechen.

Karl Böhm

Miteinander – füreinander

Liebe ist . . .

Wer kennt sie nicht, die netten Zeichnungen und Texte auf Karten, Kalendern oder Kaffeetassen. Da sind keine wissenschaftlichen Theorien aufgezeichnet, sondern kleine Erfahrungen aus dem Lebensalltag werden ins Gedächtnis gerufen.

Es ist gar nicht so schwer, von der Liebe zu reden, weil sie ja nichts Theoretisches ist. Das Tun ist weitaus schwieriger. »Gott lieben fällt mir schwer«, sagt eine Teilnehmerin beim Bibelgespräch über das Hauptgebot der Liebe, »denn er ist so fern und nicht zum Anfassen oder zu sehen!«

Schon sind wir mittendrin im Nachdenken über das Gleichgewicht, das Jesus der Liebe zu Gott und zum Nächsten gibt: »Ein zweites Gebot aber ist diesem gleich . . .«

»Oft hat man Angst vor dem Gutsein, denn man weiß ja nicht, wie die Zuwendung ankommt und ob sie angenommen wird«, meint eine andere Frau. Und dann wird erzählt von der großartigen Hilfsbereitschaft einer Mitchristin, die lange Zeit selbstlos in der Nachbarschaft eine kranke Frau gepflegt hat und sich sagen lassen mußte: »Die macht's ja nur, weil sie erben will!«

Ja, in der Tat, wir tun uns schwer, echte Liebe zu verschenken und anzunehmen.

Haben Sie auch die Fernsehsendung über den »Mangel an Liebe« — als Problem einer Überflußgesellschaft gesehen? War es nicht symptomatisch, daß in den 90 Minuten Sendezeit (sogar ein Pfarrer war dabei) nicht ein einziges Mal Gott ins Gespräch kam? Wie kann man den Mangel an Liebe zu erklären versuchen, ohne die eigentliche Ursache zu benennen: den Mangel am Leben mit Gott? Franz Alt, der bekannte Journalist, ist da weitaus offener: »Liebe ist ein anderes Wort für Gott und Gott ist ein anderes Wort für Leben! Lieblosigkeit ist Gottesferne und Gottesferne, ist ein Leben gegen das Leben!«

Nochmals zurück zu unserem Bibelabend. Jesus ist im Gespräch. Seine vorbehaltlose Hinwendung zum Nächsten, seine freiwillige Hingabe an den Menschen. Uns fällt seine entschiedene Haltung für die Benachteiligten auf. Der Mensch ist ihm wichtiger als religiöse Gesetze. Und er sagt deutlich, wer denn der Nächste sei: der, der jetzt gerade deine Hilfe braucht.

Immer wieder ist es greifbar: Jesus bringt sich selbst ganz ein. Brot werden und Kreuzweg, alles, was hingegeben werden kann — aktive Friedenspolitik.

Es ist klargeworden, weshalb wir uns so schwer tun mit der Liebe: Leben ist so schwer, weil man etwas von sich fortgeben muß.

Winfried Seifert

Sich und den andern gern haben

Manchmal höre ich die Meinung: »Seit 2000 Jahren wird das Christentum gepredigt und nichts ist besser geworden auf unserer Welt.« Hinter solchen Äußerungen steckt viel Wahrheit, und Beispiele dafür können ja auch genug genannt werden. Doch die ganze Wahrheit drücken sie nicht aus; denn das Gebot christlicher Nächstenliebe zeitigt bis heute viele Früchte, auch wenn sie als solche nicht gleich erkannt werden.

Denken wir nur an den finanziellen und personellen Einsatz vieler Hilfsorganisationen bei Naturkatastrophen: Erdbeben, Vulkanausbrüchen, Überschwemmungen. Denken wir auch an den »Tag für Afrika« im Januar des Jahres 1985, bei dem im Fernsehen zu Spenden für die Hungernden in Afrika aufgerufen wurde. Die große Resonanz dieses Aufrufs hat gezeigt, daß viele Menschen ihre Verantwortung für die Armen dieser Erde sehen und auch bereit sind, etwas für sie zu tun.

Die große Mehrheit unserer Bevölkerung würde sich wohl − daraufhin befragt − zum Gebot der Nächstenliebe bekennen. Die Praxis des Liebesgebots wird dennoch tagtäglich bedroht. Da resignieren wir in engen, kampfgeladenen Familiensituationen. Da haben wir Angst vor dem Nachbarn, vor dem Arbeitgeber, vor der Zukunft. Da nehmen wir bereitwillig Vorurteile auf, ohne zu prüfen, und gefährden damit das Leben anderer. Was hilft uns da? Was können wir tun?

Nichts anderes als die Forderung Jesu ganz ernst nehmen: »Du sollst Gott, deinen Herrn, lieben von ganzem Herzen . . . und deinen Nächsten wie dich selbst!« Da wird ganz einfach vorausgesetzt: Wer den anderen gern haben möchte, der muß mit sich selbst auch liebevoll umgehen können. Die gesunde, in Gottes Liebe zu uns eingebettete Selbstliebe, ist der Maßstab für unsere Nächstenliebe.

Merkmal dieser Liebe ist es, daß wir dabei nicht immer wieder nur um uns selbst kreisen, sondern daß wir aufbrechen, unseren eingeengten Horizont ohne Angst um uns selber durchbrechen. Unser Alltag bietet uns dazu tausend Chancen:

● Chancen, die uns Worte des Verstehens, zärtliche Worte finden lassen, auch noch nach zwanzigjähriger Ehe. Gute Worte füreinander haben ist Liebe.

● Chancen, die uns Zeit haben lassen in der aufgeregten Hektik unseres Alltags, auch wenn Termine uns drücken. Zeit haben füreinander ist Liebe.

● Chancen, die uns einen schwelenden Streit beenden lassen. Unversöhnlichkeit, dauerndes Nachtragen und Aufrechnen trennt Menschen weit voneinander, die sich tagtäglich begegnen. Nicht der sich im Trotz versteift, ist der wirklich Starke, sondern der aus der Kraft der Liebe das erste Wort, den ersten Schritt zur Versöhnung findet.

Ich bin überzeugt, diese Nächstenliebe steckt an. Der Versuch lohnt sich immer wieder.

Robert Rüster

Ja sagen zueinander

»Ich lasse mich nicht mehr von dir bevormunden!« schreit der heranwachsende Sohn. Und der Vater brüllt zurück: »Ich werde dir zeigen, wer der Herr im Haus ist!« Eine Tür knallt . . .

»Ihr seid mir in der letzten Zeit mehr und mehr fremd geworden, ebenso wie auch Ihr mich nicht mehr versteht. Deshalb habe ich mir eine eigene Bude genommen. Schließlich bin ich volljährig und für mich selbst verantwortlich.« So schreibt die Tochter ihren Eltern.

Zwei Beispiele für den sogenannten »Generationenkonflikt«.

Probleme im täglichen Zusammenleben gibt es aber nicht nur zwischen den Generationen, sondern auch innerhalb derselben. Wir haben manchmal die »Nase voll« von Menschen, mit denen wir zusammenleben. Sie gehen uns auf die Nerven, weil sie eben sind, wie sie sind – und wir auch. Wir werden mit ihnen nicht fertig, weil sie und wir alltägliche Menschen sind: zuweilen nett und freundlich – aber auch egoistisch und herrisch; zuweilen gereizt und mürrisch – aber auch wieder zuvorkommend und aufgeräumt. Menschen, wie wir sie überall finden als Mann und Frau, als Söhne und Töchter, als Großeltern und Enkel, als Familien, in denen wir leben. Sie und wir geben gerade in unserer Alltäglichkeit einander Probleme auf, die kaum lösbar scheinen.

Und dann schauen wir oft über unsere eigene Familie hinaus und sehnen uns nach ganz anderen Menschen: »Hätte ich doch so eine Tochter wie die Ulrike von nebenan, immer nett und freundlich. Und meine Tochter, eine richtige Kratzbürste! Immer meckert sie herum und weiß alles besser!« – Oder: »Eine Frau müßte man haben wie die Frau Meier. Wie die mit allen Problemen fertig wird;

und dabei immer gut aufgelegt und nett hergerichtet! Und meine Frau mit ihrem ewigen Gejammer! Nichts kann ich ihr recht machen! Es ist einfach zum Davonlaufen!« – Oder: »Einen Mann müßte man haben wie Herrn Müller! Der ist doch ein Kavalier. Er vergißt nie den Hochzeitstag und wie oft bringt er Blumen mit nachhause. Aber mein Mann! Wie ein Stoffel benimmt er sich! Für nichts hat er Interesse, wenn er nach Hause kommt, als für Zeitung und Fernsehen! Mich sieht er gar nicht mehr; ich bin nur noch sein Dienstmädchen!« – Oder: »Eltern müßte man haben wie die von Michael Schulze. Die sind dufte! Die schreien und meckern nicht dauernd wie meine Alten; mit denen kann man sich ganz toll unterhalten . . .« Und so könnte man fortfahren. Die Tochter Ulrike, die Frau Meier, der Herr Müller oder die Eltern von Michael Schulze – auch sie würden bei längerem Zusammensein ihr Sonntagsgesicht verlieren und sich als Menschen mit Schwächen und Fehlern entlarven.

Wir müssen mit den Menschen leben und können die Menschen nicht einfach austauschen. Wir sollen nicht auf andere blicken und ihre Vorzüge herausheben, sondern die Menschen annehmen wie sie sind. Genau dieses Ja ist es, das oft fehlt. Das beginnt schon bei jungen Ehepaaren: Am Traualtar haben sie zueinander Ja gesagt. Aber nach Wochen bzw. Monaten, wenn die Schwächen durchscheinen, sagen sie zueinander vorschnell: Wenn ich das gewußt hätte, hätte ich dich nie geheiratet!

Einander annehmen, Ja sagen zueinander: Das wäre die Antwort auf die Probleme, mit denen unsere Familien ringen.

Wenn wir Ja sagen zueinander, können wir auch kritische Worte sagen, denn sie kommen aus »wohlwollendem« Herzen. Dann können Eltern ihren heranwachsenden Kindern sagen, welche Sorge sie um die Zukunft ihrer Kinder bedrückt, ohne als verschroben abgetan zu werden. Dann können junge Menschen ihre Eltern ruhig einmal bitten, diese oder jene Absicht zu überprüfen, weil wir eben nicht mehr im 19. Jahrhundert leben. Dann können Ehepartner eher wieder zueinander finden, weil sie wissen, daß sie nur gemeinsam ihre Fragen und Probleme lösen können. Dann können wir uns selber annehmen und unsere Schwächen eingestehen und brauchen sie nicht auf andere zu schieben.

Der Weg des Jasagens ist im Kolosserbrief beschrieben: »Ihr seid von Gott geliebt . . . Darum bekleidet euch mit aufrichtigem Erbarmen, mit Güte, Demut, Milde, Geduld. Ertragt euch gegenseitig und vergebt einander, wenn einer dem anderen etwas vorzuwerfen hat . . . Vor allem aber liebt einander!« (Kol 3,12–14)

Wäre es so abwegig, heute oder morgen einmal in unserer Familie darüber zu sprechen, was uns hindert, zueinander dieses Ja zu sagen?

Karlheinz Buhleier

Wer der Erste sein will . . .

»Spieglein, Spieglein an der Wand: Wer ist die Schönste im ganzen Land? — Frau Königin, Ihr seid die Schönste hier, aber Schneewittchen ist tausendmal schöner als Ihr!« — Viele von uns kennen seit ihrer Kindheit dieses Märchen, in dem die stolze Königin immer wieder ihren Spiegel befragt. Ihre Schönheit findet Bestätigung; dann aber erhält sie einen Schock; es gäbe jemand, der sei noch schöner als sie. Das kann sie nicht verkraften. Mit allen Tricks versucht sie, ihre Konkurrentin zu beseitigen. Sie will die Schönste sein!

Vielleicht winkt jetzt mancher ab und meint: »Ein rührseliges Märchen!« Aber gibt es solche Geschichten wirklich nur im Märchen? Gewiß werden heute keine Schönheitswettbewerbe ausgetragen mit giftigen Kämmen und tödlichen Äpfeln wie im Märchen. Die Methoden haben sich verfeinert, sind raffinierter geworden. Der Kampf um die ersten Plätze ist hart und brutal, nicht nur bei Schönheitsköniginnen. Fast überall, ob bei Spitzensportlern, im Show-Geschäft, in der Wirtschaft oder im Berufsleben, sogar in der Schulklasse steht die Frage im Mittelpunkt: » Wer ist der Erste? Wer ist der Beste? Wer ist der Größte?« — Und das ist leider kein Märchen mehr!

Beim Gerangel um die ersten Plätze ist man nicht zimperlich. Wenn man auch seinem Gegner keinen vergifteten Apfel mehr verabreicht: ein gehässiges, halbwahres Wort kann den anderen ebenso vernichten. Man braucht nur nebenbei von einem Konkurrenten zu bemerken, man habe ihn neulich mit einer anderen Frau gesehen — daß es eine Verwandte war, bleibt unerwähnt. Man behauptet, jene Frau habe es auf ihrer letzten Stelle nicht ausgehalten — daß sie ihrer Kinder wegen zu Hause bleiben wollte, das verschweigt man. Etwas wird hängen bleiben! Wen schert es, ob es wahr ist! Hauptsache, ich komme meinem Ziel näher, den ersten Platz zu erreichen — auch auf Kosten anderer. Irgendwo ist jeder von uns eingespannt in diesen Kampf um die ersten Plätze — und das ist leider kein Märchen mehr!

Im Kontrast dazu steht das Wort Jesu: »Wer der Erste sein will, soll der Letzte von allen und der Diener aller sein« (Mk 9,35). Jesus macht deutlich, daß der Christ nicht zum Herrschen, sondern zum Dienen berufen ist. Deshalb gibt Jesus keine Anweisung, wie man »Erster« wird, sondern will gerade den Unterschied zwischen »Erster« und »Letzter« aufgehoben wissen im Dienst an allen. Das sagt er nicht nur, das lebt er vor. Am Kreuz wird er der Diener aller. »Wer der Erste sein will . . .«

Manche wehren diese Worte als »weltfremd« ab; andere legen sie irgendwo im Schubfach ihres Gedächtnisses ab; andere stimmen ihnen zu, überlassen aber die Verwirklichung ihrem Nebenmenschen. Gehören wir nicht auch dazu? Beobachten wir doch unser eigenes Verhalten im Alltag: Wie oft spielen wir den kleinen oder großen Tyrannen, wenn wir etwas Macht haben. Machen wir nicht selbst, was wir anderen vorwerfen: »Nach oben buckeln, nach unten treten«? Bleiben wir doch in der allernächsten Umgebung, in der Familie: Wie oft hauen wir mit der Faust auf den Tisch oder knallen die Tür ins Schloß, um dem Partner unsere Macht zu zeigen?

»Solange du deine Füße unter meinen Tisch stellst, hast du zu tun, was ich sage!« — Macht der Eltern! »Bei euch ist es nicht mehr auszuhalten! Ich ziehe aus!« — Macht der heranwachsenden Kinder!

Wirklich menschliche Größe zeigt sich dort, wo wir den anderen annehmen und seine Stärke fördern, wo wir miteinander sprechen, wo wir vergeben, wo wir ein Wort der Ermutigung haben, wo wir

Fantasie entwickeln, die Welt menschlicher zu machen. Menschliche Größe besteht darin, daß der Kampf um die ersten Plätze belanglos wird, weil ich im anderen nicht den Konkurrenten sehe, sondern den »Mitmenschen«, der gleiche Ängste, Sorgen und Freuden hat wie ich. »Wer der Erste sein will, soll der Letzte von allen und der Diener aller sein« — wenn das gelänge, hätten wir eine Welt, die fast so schön wäre wie im Märchen. Wenn das gelänge . . .! An uns Christen liegt es, daß das eben kein Märchen bleibt.

Karlheinz Buhleier

»Ganz unten« und »Mach's wie Gott«

»Ganz unten« ist das Buch von Günter Wallraff, in dem er die Erlebnisse schildert, die er – als Türke verkleidet – zwei Jahre lang in unserem Land machte. Ich habe das Buch, um ehrlich zu sein, nur gelesen, weil es alle gelesen hatten und weil ich mitreden wollte. Toll geschrieben, interessant, manchmal beschämend und garantiert stellenweise übertrieben, das waren meine Überlegungen zum Buch. Bis ich mich zwischen den Jahren in die noch weihnachtlich geschmückten Geschäfte stürzen mußte, um einzukaufen, denn auch wir wollten das neue Jahr mit einer Feier unter Freunden begrüßen. An der Fleischtheke etwas Hektik und Ungeduld. Wie alle anderen auch hatte sich ein junges türkisches Ehepaar in der Reihe mit ihrem Wagen angestellt. Eine ältere Frau wollte an den beiden vorbei, um irgendetwas aussuchen zu können. Sie bediente sich dabei aber nicht ihrer Sprache, sondern knallte mit ihrem Wagen an den der Türken und dieser an die Fersen der jungen Frau. »Können Sie nichts sagen?« fragte der junge Mann. Sie konnte es offenbar nicht. Mit einem Stoß wurde der türkische Wagen ganz an die Seite geschafft, die ältere Dame konnte endlich vorbei, nicht ohne dem Türken den Vorschlag zu machen, er solle doch nach Hause gehen, wenn ihm etwas nicht passe.

Der junge Mann wurde wütend, sagte aber nichts, da ihn seine Frau offenbar darum bat. Die Frau stand nun endlich an ihrem Fleisch, bestellte und hielt ihrer neuen Nachbarin einen Vortrag, was sie von Türken halte.

Für mich, die ich doch gedacht hatte, daß das Buch übertrieben sei, war der ganze Vorfall ziemlich peinlich. Das Schlimmste für mich war aber eigentlich nicht diese Frau, sondern ich selbst. Sich mit der deutschen Frau anzulegen, nein, dazu hatte ich wirklich keine Lust. Aber ich hätte doch wenigstens dem jungen Paar zu verstehen geben können, daß ich das Verhalten meiner Landsmännin auch nicht verstehen konnte.

Mach's wie Gott – werde Mensch! Das ist der Titel eines anderen Buches. Ich habe es nicht gelesen: Der Satz stand auf der Weihnachtskarte einer Bekannten und hatte mich sehr angesprochen. Menschwerdung, so wie Jesus sie uns Menschen vorgelebt hat, hat für mich viel zu tun mit Selbstfindung, sich entscheiden dürfen, nicht in Gesetzen und Geboten gefangen, sondern frei sein. Menschwerdung, das ist für mich das lebenslange Reifen des eigenen Ichs, ein interessanter Prozeß, der uns neugierig machen kann auf einen spannenden Lebensweg. Menschwerdung ist aber auch die Kette der berühmten vielen kleinen Schritte, die wir tagtäglich gehen müssen, um das große Ziel, das Menschsein zu erreichen. Ein kleiner Schritt zum Menschsein wäre für mich gewesen, dem jungen türkischen Paar zu zeigen, daß es mir leid tut, daß sie so ungerecht behandelt wurden.

Wir stehen am Beginn eines neuen Jahres. Ich freue mich auf dieses Jahr und ich habe Angst wie viele andere auch. Eine meiner Ängste ist es, daß ich wieder über die großen Ungerechtigkeiten in unserem Land schreie und selbst in meiner Umgebung keine Zivilcourage zeige. Auch 1986 kommen in unser Land Ausländer, Asylanten, Flüchtlinge. Vielen von uns geht das auf die Nerven; die entwürdigenden Sprüche an vielen Wänden zeigen es uns. Unser Land ist aber so reich, daß wir auch mit diesen Menschen hier leben können – und gut leben können. Wenn wir sie schon nicht so annehmen können, wie sie sind, warum schaffen wir es wenigstens nicht, sie in Ruhe zu lassen oder uns nicht irgendwelchen blöden und unbedachten Vorurteilen anzuschließen? Mach's wie Gott – werde mensch. Ganz unten   *Rosemarie Becker*

Nicht schweigen, wenn ich reden sollte

Ein älterer Herr geht mit seinem Hund spazieren. Sein täglicher Weg führt beide aus dem 3. Stockwerk der Stadtwohnung durch ein paar Straßen in den Park, ein Stück hinaus, weg von den Häusern und dann wieder zurück, mitten durch Menschen und doch weit weg von ihnen. Er hat einen treuen Freund, wie er sagt, und der Hund dankt es ihm. Manchmal denkt der Herr und er spricht es aus: »Seit ich die Menschen kenne, liebe ich die Tiere.« Wie viele bittere und böse Erfahrungen muß einer gemacht haben, daß er so empfindet!

Alleinsein schnürt oft die Kehle zu. Einsamkeit verbittert oft die Seele. Immer nur sich selber begegnen — wer hält das auf die Dauer aus! Mit niemanden reden können, Alleinsein mit sich, seinen Erinnerungen, seinen Erfahrungen, seinen Geheimnissen, auch mit seiner Schuld und seinen Fehlern — wem könnte nicht ein offenes Ohr den eigenen Mund öffnen! Max Frisch schreibt in einem Roman: »Ich habe nur meinen Hund, der schweigt wie ein Priester, und bei den ersten Menschenhäusern streichele ich ihn.«

Das Wort schlägt Brücken von Mensch zu Mensch. Die Sprachlosigkeit durchkreuzt der heimliche oder laute Schrei: Warum bin ich verlassen, warum hast du mich verlassen? In besonderer Lage hat Jesus Christus so geschrien am Kreuz, verlassen von Menschen und von Gott.

Schweigen kann von zwei Seiten durchbrochen werden. Wer zuerst redet, hat die Chance des ersten Wortes. Man kann anknüpfen an Gemeinsames; man kann etwas Zurückliegendes ansprechen; man kann anknüpfen; man kann ein Gespräch neu anfangen; man kann nach langem Schweigen ganz von vorne beginnen; man kann sich öffnen. Weil Gott das erste Wort über uns gesprochen hat und das letzte Wort über uns hat, ist alles Reden von uns einbezogen in das Reden Gottes mit uns. Unser Reden ist vorläufig, es sind Zwischen-Reden. Aber miteinander zu reden in Gottes Namen, das macht Menschen erst zu Menschen, das entlastet und befreit, das schafft Gemeinschaft. Lebenserfahrungen werden verkraftet, das heißt, sie geben Kraft, ohne zu lähmen. Erinnerungen werden lebendig, ohne zu töten. Sorgen werden ausgesprochen. Fehler und Schuld werden nicht verdrängt, so daß sie aufgearbeitet werden können anstatt aufzureiben.

Ein Satz zur Ermutigung sei gesagt: Katholische Priester und evangelische Pfarrer stehen unter dem Seelsorgegeheimnis und sind dadurch zur Verschwiegenheit verpflichtet. Besonders über das, was ihnen unter dem Siegel des Beichtgeheimnisses anvertraut wird, dürfen sie niemandem gegenüber etwas sagen, auch nicht gegenüber Gericht, Polizei, Behörden usw. Gesprächspartner ist hier allein und ausschließlich Gott. Verschwiegenheit, die nicht gebrochen werden darf, bietet den Raum des Vertrauens, damit das Schweigen gebrochen werden kann.

Der ältere Herr ist unterwegs. Vielleicht begegnen wir ihm als Mensch in den Straßen der Stadt, in der Wohnung, im Park.

Friedrich Löblein

Nicht nur Anklage, sondern auch Vergebung!

»Abtreibung auf Krankenschein?« – Nur ein Stichwort aus der streckenweise sehr ruppig geführten neuen Diskussion um den Paragraphen 218. Es kann ja auch niemanden gleichgültig lassen, wenn ausgerechnet dort das menschliche Leben am meisten bedroht ist, wo die Natur die größte Geborgenheit vorgesehen hat: im Mutterleib. In der Bundesrepublik werden pro Jahr etwa 200 000 Abtreibungen durchgeführt, das sind zwei komplette Städte von der Größe Würzburgs. Zwei Drittel erfolgen aus »sozialen Gründen«. Eine erschreckende Bilanz, mit der wir uns nicht abfinden dürfen.

Dennoch habe ich bei all den vielen gutgemeinten Resolutionen, Reden und Predigten zum Paragraphen 218 oft ein ungutes Gefühl. Es gibt ja nicht nur diese unerhörte Zahl von »Tötungshandlungen«, wie es in der nüchternen Sprache des Bundesverfassungsgerichts heißt, sondern auch die gleiche Anzahl von Frauen, die mit ihrer Schuld fertig werden müssen. Für den Mann, der genauso in der Verantwortung für das wachsende menschliche Leben steht, ist leider meist nach erfolgtem Schwangerschaftsabbruch die »Sache« erledigt – und oft genug auch die Frau. Verallgemeinern will ich dies aber keineswegs. Doch ich kenne keine einzige Frau, für die eine Abtreibung nicht für lange Zeit zum Problem geworden wäre. Selbst bei Frauen, die gelegentlich bei Foren oder Fernsehdiskussionen sich sehr aggressiv zu einer Abtreibung bekennen und diese auch verteidigen, werte ich dies eher als eine psychische Notwehr. Wem nicht der Weg der Vergebung eröffnet wird, sieht sich zu allerlei intellektuellen und emotionalen Saltos gezwungen, um sich so schließlich selbst zu rechtfertigen. Und das Motto »Man darf nur nicht daran denken« bringt ja auch keine Lösung.

Eine Lösung gibt es allerdings auch nicht, wohl aber eine grundlegend erleichternde Hilfe: Vergebung! Davon hört man jedoch in der Diskussion um den Paragraphen 218 kaum etwas. Auch kirchliche Verlautbarungen erschöpfen sich nahezu ausschließlich in Anklagen. Dabei hat doch gerade die Kirche den Auftrag, Wunden zu heilen, den Menschen bei der Versöhnung mit Gott und mit sich selbst zu helfen. Sie braucht nur das Wort der Barmherzigkeit, das Jesu uns geschenkt hat, weiterzugeben und auch entsprechend zu handeln. Eindeutigkeit bei der ethischen Stellungnahme ist wichtig, aber der Dienst der Versöhnung ist es genauso. Wir dürfen Menschen nicht in ihrer Schuld zugrundegehen lassen.

Allen betroffenen Frauen möchte ich sagen: Gott will, daß Sie trotz Schuld Ihrem Leben das Ja nicht versagen, sondern Ihres Lebens wieder froh werden. Die Bibel sagt: Gott feiert mit jedem Schuldiggewordenen, der ein neues Leben anfängt, sogar ein Freudenfest. Zwar vermag auch Gott nicht rückgängig zu machen, was geschehen ist, aber er kann Sie so stark machen, daß Sie in Reue zu Ihrer Schuld stehen können, um daraus Konsequenzen für Gegenwart und Zukunft zu ziehen. Ist die Bereitschaft Gottes zur Verzeihung nicht auch ein Zeichen dafür, wie sehr er Sie liebt? – Lassen Sie sich von einem Seelsorger Ihres Vertrauens das befreiende Wort Gottes der Vergebung zusprechen.

Lieber Leser, um kein Mißverständnis aufkommen zu lassen: Nichts liegt mir ferner als die Abtreibung zu verharmlosen, aber ich hielt es für nötig, diesen Hinweis in die Diskussion um den Paragraphen 218 einzubringen.

Peter Hinsen

Fragen der Zeit

Über die Götzen unserer Tage

Keiner hat sie gerufen,
unsere Götzen.
Ihre massenhafte Vielfalt
bricht ein
wie ein Heuschreckenschwarm
und versucht zu fressen
was hoffnungsvoll ist
und lebendig.

Der Tanz ums goldene Kalb ist ein Urbild, das mich nicht losläßt, wegen seiner erschütternden Mächtigkeit, seiner bewegten Wildheit und schließlich jener unbeherrschten biblischen Kraft, mit der Moses am Ende das für ihn nicht Gültige zertrümmert. Von eben dieser Kraft, sich gegen das Unechte, gegen die Heuschreckenschwärme unserer Tage zu wehren, würde ich mir gerne ein wenig wünschen.

Wer nimmt ihn nicht wahr, den Tanz um das goldene Kalb im Karrieredenken des Emporkömmlings, der sich Rasierklingen an die Ellbogen montiert hat, um ans große Geld zu kommen, der computergesteuert und vom Gedanken besessen ist, Macht auszuüben, und auf dem Weg dahin über die Leichen anderer und die Leiche seiner eigenen Menschenwürde hinweggeht? Der Ursprung der Vergötzung ist die Angst, die Unsicherheit, der Mangel an Urvertrauen, von den Menschen geliebt und schließlich von Gott angenommen zu sein. Ich darf so sein, wie ich bin, und es ist nicht nötig, daß ich in eine andere Haut krieche, um einen besonderen Wert zu erfahren.

Ich muß nicht den vergötzten Modetrends und dem Anspruch des ewigen Jungseins genügen, das Werbung und Industrie in den Vordergrund ihrer Skala vom menschlichen Wertungsbewußsein stel-

112

len: »Das ist jung, das ist frisch, das ist lebendig«. So als hätte der Mensch jenseits dieser Jugendlichkeit nur als Schatten, als Kontrast zu dieser Vergötzung seine Existenzberechtigung.

Es muß mir nicht nur gelingen, ja zu meinem eigenen Altern zu sagen, sondern auch den alten Menschen in seinem Gebrochensein von Krankheit, Hinfälligkeit und Schwäche mit in mein eigenes Dasein zu nehmen, weil das ebenso zur Existenz des Menschlichen gehört wie das Gesunde und weil ihre Verdrängung die Angst vor der eigenen Vergänglichkeit widerspiegelt. Wenn mir der Blick in die Nähe meiner Mitmenschen verstellt ist, wenn ich das Erzählen, das Reden, das Diskutieren so langsam verlerne, dann versuche ich auf den Knopf zu drücken und rufe die Götzen der vereinigten Bildschirmkälber herbei mit ihrem flimmernden Angebot von mittelmäßigem Unterhaltungskitsch, der falschen Rührseligkeit langweiliger Serienfolgen und der Verherrlichung roher Gewalt.

Der Halbkreis ums goldene Kalb zerfällt in einen neuen Götzen; den andauernden Konsum. Wie kann ich mich diesem und anderen Konsumzwängen entziehen, die mit kalkulierter Methodik im gleichen Atemzug genußreiche Gaumenfreuden, raffinierte Drinks und die Abspeckdiät gleich hinterher liefern?

Wie bewältige ich die nachfolgenden Bilder der verhungernden Kinder in fernen Erdteilen, wenn ich die Probleme meines ständigen Übergewichts vor mir hertrage? Mit meiner Spende allein kann ich mich nicht loskaufen. Ich muß meine Einstellung überdenken. Wenn ich schon nichts gegen die Massenvernichtung von Grundnahrungsmitteln unternehmen kann, wenn mich der satirische Kernsatz »Auto unser, das du bist« nahezu überrollt, so will ich doch versuchen, mich selbst zu ändern, indem ich immer wieder anfange, mit Gott zu reden, um daraus Kraft und Vertrauen zu schöpfen, daß alles Hoffnungsvolle und Lebendige den finsteren Schwarm der Zerstörung überdauert. *Kurt Hock*

Kirche, schütze das Leben!

Der Europaabgeordnete Otto von Habsburg warf kürzlich die schwerwiegende Frage auf, welcher Rechtsbegriff für einen Menschen, der an Gott glaubt, Geltung habe. Habsburg kommt zu dem Schluß, daß für gottgläubige Menschen das Naturrecht Geltung besitze, weil dieses einen höheren Gesetzgeber anerkennt. Begründung: Das Naturrecht steht über der Autorität des Staates. Gleich ob Christ, Moslem, Jude oder Angehöriger einer anderen Religion, immer sind diese Menschen von ihrem Gewissen an in der Natur festgelegte Gebote gebunden, die der Mensch nicht eigenmächtig außer Kraft setzen darf. Diese Auffassung entspricht auch der Lehre der katholischen Kirche.

Nach dem Grundgesetz unseres Staates wird der Souverän durch die Gesamtheit aller Bürger verkörpert. Leider werden uns jedoch Möglichkeiten vorenthalten, unheilvolle Entscheidungen der Regierenden durch direkte Abstimmungen zurückzuweisen oder Unrechtsgesetze wieder aus der Welt zu schaffen. Dies gilt z.B. für die Entscheidung, in unserem Land Atomwaffen zu stationieren oder die Zwangsfinanzierung von Abtreibungen durch die Krankenkassen zu dulden.

Gott ist nach christlicher Grundüberzeugung der Urheber der gesamten Schöpfung einschließlich des menschlichen Lebens. Daraus ergibt sich als zwingende Notwendigkeit, daß ihm allein das Recht auf Leben zusteht, d.h. daß das Recht auf Leben ein gottgewolltes Naturrecht darstellt, über das dem Menschen keine Verfügungsgewalt zusteht. Das menschliche Dasein ist folglich für jede Rasse und für jede Entwicklungs- und Altersstufe durch das göttliche Gebot »Du sollst nicht töten!« geschützt.

Papst Johannes Paul II. wird nicht müde, die Menschheitsfamilie immer wieder vor den Bedrohungen der menschlichen Existenz zu warnen, wie dies beispielsweise in der Verteidigung des Rechts der ungeborenen Kinder auf Leben oder in der Warnung vor einem atomaren Inferno zum Ausdruck kommt. Wir teilen die Haltung des Papstes in diesen Punkten, weil es uns nur dann verantwortbar erscheint, Kindern das Leben zu schenken, wenn alle nur denkbaren Anstrengungen unternommen werden, den Frieden zu sichern. Es ist zu hoffen, daß auch die Bischöfe in der Bundesrepublik Deutschland nicht nur das Lebensrecht der ungeborenen Kinder verteidigen, sondern auch ein klares Wort gegen die Stationierung von Waffen mit vielfacher Vernichtungspotenz in unserem Land sprechen. Diese Waffen bedeuten nicht Schutz, sondern massive Bedrohung.

Nicht nur das Leben der künftigen Generationen ist durch sie bedroht, sondern auch das Lebensrecht aller Menschen durch die Möglichkeit eines atomaren Holocaust. Wir Mitteleuropäer sind wegen unserer geographischen Lage besonders gefährdet und sollten nie vergessen, daß die Vernichtung der Zivilbevölkerung von Hiroshima und Nagasaki, aber auch von Dresden, Würzburg und anderen Städten als ausgesprochen terroristische Planung vollzogen worden ist.

Leider klären die Amtsträger der Kirche zu wenig über die existentielle Bedrohung unseres Volkes auf. Warum eigentlich? Sie haben doch den Auftrag, unerschrocken für die gottgegebenen Rechte einzutreten. Bestehen hier Rücksichtnahmen auf bestehende Interessengruppen? Dies möchten wir nicht unterstellen. Doch schmerzt es viele Christen, daß ihre Kirche zu selten als kämpfende Kirche für die Rechte Gottes in aller Öffentlichkeit in Aktion tritt. Zwar stellt das Hirtenwort der deutsche Bischöfe vom April 1983 zum Thema »Frieden« vielfache Überlegungen zur Friedenssicherung an und stellt fest, daß ein Vernichtungskrieg niemals erlaubt sei, doch haben die Oberhirten der USA und der DDR in einer viel klareren Sprache den Krieg mit modernen Massenvernichtungsmitteln verurteilt und damit eindeutiger gegen die Regierungen ihrer Staaten Stellung bezogen. Sollte nicht auch unsere Kirche in diesem lebenswichtigen Punkt eine klarere Position beziehen?

Diesen Überlegungen liegt keine Anklage zugrunde. Vielmehr sind wir von der Überzeugung geleitet, daß jeder Christ einen Teil seiner Kirche verkörpert und somit Mitverantwortung trägt. Wir alle müssen deshalb eindringlich und unüberhörbar dafür streiten, das Recht auf Leben in jeder Daseinsform zu verteidigen und jeder Bedrohung des Lebens entgegenzuwirken. Bedenken wir, daß wir nicht alleine die Verantwortung für Fehler unseres Handelns zu tragen haben, sondern ebenso die Verantwortung für unser Nicht-Handeln, für Versäumtes!

Axel Horn
Bruno Hügel

Wie politisch darf die Kirche sein?

Immer wieder kommen die Kirchen mit ihren Hilfsprogrammen in der 3. Welt ins Gerede. Da ging es zum Beispiel in der Fernsehsendung „Report" um die Verwendung von bundesdeutschen Kirchensteuermitteln in Südafrika. Vorwurf war, die Kirchen unterstützten finanziell revolutionäre Gruppen des Afrikanischen Nationalkongresses (ACN).

Der Präsident im Kirchenamt der Evangelischen Kirche in Deutschland (EKD) in Hannover wies in einem Fernschreiben an den Intendanten des Bayerischen Rundfunks, Reinhold Vöth, diese Anschuldigung als falsch und als Unterstellung zurück. Die EKD unterstütze den Südafrikanischen Kirchenrat, weil die Kirchen dort wie überall in der Welt für den Auftrag des Evangeliums eintreten. Dies schließe unter den Bedingungen des Systems der Rassentrennung in Südafrika Rechtshilfen bei Verhaftungen und Gerichtsverfahren ein. Die staatliche Eloff-Kommission habe bei gründlichen Untersuchungen in den letzten Jahren keinerlei Unterstützung von Gewalt seitens des Südafrikanischen Kirchenrates nachweisen können. Der Evang.-Luth. Landeskirchenrat in München ließ verlauten, daß er keinerlei Kirchensteuermittel für den sogenannten Antirassismus-Fond gibt. Spenden aus der Landeskirche für Südafrika seien ausschließlich für »humanitäre Zwecke« bestimmt.

Ähnlich äußerte sich Prälat Norbert Herkenrath, Hauptgeschäftsführer des katholischen Spendenaktionswerkes Misereor, in einer Fernsehsendung. Er stellte klar, daß Geldmittel der römisch katholischen Kirche ausschließlich zu humanitären Zwecken als Hilfe zur Selbsthilfe verwendet werden. Was nicht ausschließe, daß das Evangelium bei den Menschen und den Verhältnissen Veränderungen hervorrufen könne.

In der Tat, schon immer besitzt das Evangelium einen Impuls-charakter zur Veränderung der Einstellungen der Menschen und der sozialen, gesellschaftlichen und politischen Situationen.

Die Botschaft von Gottes Liebe zu allen Menschen und der Auf-trag zur Nächstenliebe hat schon immer Systeme der Gewalt, der Unterdrückung und des Terrors kritisiert und diese zum Teil unter blutigen Opfern überwunden. Auch wenn die Kirchen keine militan-ten und politischen Programme realisieren, tragen sie durch ihre En-gagements für Menschenrechte und Menschenwürde aus christ-licher Verantwortung gerade in Ländern mit Apartheidsystemen und Diktaturen zur Verschärfung der Konfliktsituation und hof-fentlich auch zu deren Überwindung durch gewaltlosen Widerstand bei. Auf die friedlichen Mittel zur Lösung der Konflikte kommt es an. Anwendung von Gewalt und Terror oder sogar der Gebrauch von Waffen müssen Christen verwehrt bleiben.

Das wissen die beiden großen Kirchen in unserem Land. Was sol-len dann diese Äußerungen im Fernsehen? Kamen sie aus mangel-hafter Information? Oder sollten sie die Spender irritieren? Ich weiß es nicht. Jedenfalls helfen sie den Kirchen zur Wachsamkeit, ihre Aktionen in der 3. Welt nur im Sinne der christlichen Liebe für Frie-den und Gerechtigkeit durchzuführen.

Andererseits sollten Meinungsbildner in den öffentlichen Medien auch die Stellungnahmen der Kirchen zu Wort kommen lassen, da-mit sie sich zu den Vorwürfen direkt und nicht auf Umwegen äußern können. Denn die Spender haben ein Recht darauf zu erfahren, was mit ihren Geldern nun wirklich passiert. Schließlich sind sie es, die zum Beispiel in Unterfranken 1985 auf evangelischer Seite 972 000 Mark für Brot für die Welt aufbrachten (210 000 Evangelische) und auf katholischer Seite 4,7 Millionen Mark (900 000 Katholiken) für Misereor im Jahr 1984.

Ihnen ist es zu verdanken, daß trotz der entbrannten Diskussion vielen Menschen weltweit wirksam mit Projekten geholfen werden kann, die vorher mit einheimischen Partnern entwickelt wurden und nach menschlichem Ermessen erfolgversprechend sind.

Heinz F. Peschke

In Frieden ruhen, in Frieden leben

Viele Freunde kann man sich nicht erwerben, wenn man den Finger auf die Wunde legt. Und es sind sehr eitrige Wunden: die Grabschändungen in Judenfriedhöfen.

Die Ruhe der Toten zu bewahren, gehört zu den ältesten kulturellen Pflichten in der Geschichte der Menschheit. Gräber waren tabu, unberührbar. Ein Gespür ist dabei vorhanden gewesen für die Unnahbarkeit der Verstorbenen, für die Ehrfurcht vor Leben und Tod, für die Heiligkeit des Geschehens von Sterben und Auferstehen, Zeit und Ewigkeit.

So alt freilich wie der Schutz der Totenruhe ist auch die Schande der Grabschändung. Die Geschichte dieser Schändungen ist eines der trübsten Kapitel in der Geschichte von Haß, Gier, Rache, Zerstörungswut. Es durchzieht die Geschichte vieler Völker und die der Deutschen und ihrer jüdischen Mitbürger in besonderer Weise.

Diese Art Schändung ist nicht Schande für die Toten, sondern für die Täter.

Im Jahr 1935 wurden in Nürnberg die Gesetze verkündet, die zwei Gruppen von Menschen schufen: Arier und Nichtarier. Durch diese Gesetze wurde eine Entwicklung eingeleitet, die dann zur »Reichskristallnacht« und zum »Holocaust« führte. Diese Schuld und ihre Folgen belasten uns immer noch. Auch wir in unserer Kirche sind mit hinein verflochten in diesen Irrweg. Die »Gesetze zum Schutze des Deutschen Blutes und der Deutschen Ehre« wurden auch in unserer Kirche angewendet. Pfarrer jüdischer Abstammung wurden nicht mehr beschäftigt.

Diese Vergangenheit holt uns betrüblicherweise immer wieder ein. In einer Erklärung der bayerischen evangelischen Kirche heißt es: »Heute haben viele der überlebenden Opfer und ihre Nachkommen wieder Angst vor antisemitischen Äußerungen und Aktionen. Wir sind dankbar für Gesprächsbereitschaft und Gesten der Versöhnung von seiten unserer jüdischen Mitbürger. – Wir sind aufgerufen, daran zu arbeiten, daß aller Rassenhaß, alle Fremdenfeindlichkeit und alle Menschenverachtung aufhört.«

Wir alle, ob Christen oder Nichtchristen, sind dazu herausgefordert, wem gegenüber auch immer. Die Toten sollen in Frieden ruhen. Alle Lebenden sollen in Frieden leben.

Friedrich Löblein

Im Faden-Kreuz: »DAS BOOT«

J edesmal wenn wir Nachkriegsbuben unsere Großeltern besuchten, gab es für mich vor allem ein Ziel: Den Bücherschrank in der »Guten Stube«! Meine Neugier mischte sich stets mit einer gehörigen Portion Ehrfurcht und Andacht, wenn ich mich diesem »hochheiligen« Möbelstück näherte und in die Wunderwelt, die es barg, eintrat: ein Album über den Grafen Zeppelin und die Anfänge der Luftschiffahrt, ein »Illustriertes Handbuch der kaiserlichen Kriegsmarine«, vor allem aber Martin Niemöllers »Vom U-Boot zur Kanzel«. . .

Nun hat es mich also wieder eingeholt, DAS BOOT!

Sechzig Prozent aller Haushalte hatten eingeschaltet. Knapp 24 Millionen Zuschauer erlebten den endlosen Todeskampf von U 96 und seiner Besatzung.

Warum zog DAS BOOT so viele Menschen in seinen Bann, als Fernsehfassung noch stärker als seinerzeit im Kino?

Es war sicher nicht nur die fast penible Treue zum technischen Detail; es gab nicht das Phantastische wie in »20 000 Meilen unter dem Meer«; es fehlten die bunten Träume aus »Yellow Submarine«; gefesselt wurden wir auch nicht immer durch die Dramaturgie, die zwar über weite Strecken packend war (das atembeklemmende Warten im havarierten Schiff auf dem Meeresgrund!), die aber auch gelegentlich im Klischee steckenblieb (der Kapitän muß im Angesicht seines sterbenden Schiffes sterben). Ein bayerisches Sonntags-Blatt meinte, es sei die Tatsache, daß wir uns wiedererkennen, »ausgeliefert an ein Über-Rüstung«, was die Faszination des BOOT-Films ausmache; eine große süddeutsche Tageszeitung sieht das Besondere in der schonungslosen Darstellung der »Mechanik« des Tötens und

Getötetwerdens im Krieg: »Weil sie von Menschen gemacht werden, funktionieren Kriege.« Das alles ist sicher richtig – und doch zu wenig!

Mir erschien das Werk jedenfalls auch als ein Gleichnis für unsere ganze Zeit: Wir sitzen alle im gleichen BOOT, aber Gott ist nicht im BOOT:

Er spielt allenfalls die Rolle des Nothelfers, der von außen »eine Schaufel Sand unter den Kiel« wirft, als das Schiff auf dem felsigen Meeresgrund zu zerschellen droht (wobei noch anzumerken wäre, daß Autor Buchheim hier konsequenter ist, denn weder in seinem Roman noch in seinem Drehbuch setzt er Gott als Lückenbüßer ein, wie das Regisseur Petersen tut!).

»Gute Leute«, so meint der »Alte«, als eine schwierige Unterwasser-Reparatur am Schiffsdiesel gelungen ist, »muß man eben haben«. Gott ist nicht gefragt; gute Leute an Bord zu haben, das genügt.

Dem ernsten Bibelforscher, der sich an Gott klammern will, die Zähne einzuschlagen, ist eine militärische Notwendigkeit (heute würde man wohl von einem »Sachzwang« reden), damit nicht noch mehr Besatzungsmitglieder »durchdrehen«. . .

Auch wir haben Angst vor dem Unbekannten, vor den Untiefen unseres Daseins: »Ich will wieder heim, ich fühl mich da so allein.« »Ich will hier raus . . .!« – so tönt es, gleichsam als Echo auf den Film, aus unseren Radioapparaten. – Um den Kreis zu schließen: Wir haben uns von diesem großen Film erschüttern lassen. Vom U-Boot (sprich Krieg) weg wollen alle. Warum wollen viel weniger auch hin zur Kanzel (sprich zum Wort Gottes als dem einzigen wirklichen Garanten des Friedens)?!

Ernst von Kietzell

Eierköpfe im Klassenzimmer?

Knapp drei Wochen ist das Schuljahr alt. Noch waren wir damit beschäftigt, Hefte in allen Größen zu kaufen, Einbände in allen Farben, Filzstifte, Knete und was das Pädagogenherz sonst noch erfreut. Die organisatorische Schlacht hat Kinder wie Eltern in Atem gehalten. Doch der Tag naht, an dem wir den Blick wieder auf das »Wesentliche« richten: Leistungen, Noten, Erfolg oder Mißerfolg, Bestehen oder Nichtbestehen. Um ein Mißverständnis schon im Anfang gar nicht erst aufkeimen zu lassen: Es ist ohne jede Frage Aufgabe unserer Schulen, den Kindern und Jugendlichen fundierte Kenntnisse in allen lebenswichtigen Bereichen zu vermitteln. An diesem Auftrag will ich nichts, aber auch gar nichts deuteln.

Aber tun wir unseren Kindern wirklich Gutes, wenn wir bereits in den Klassenzimmern unserer Schulen intellektuelle Elite züchten wollen? Eggheads, Eierköpfe nennt der Amerikaner diesen Typ des Intellektuellen, der seine Entscheidungen allein mit dem Kopf, nicht mit dem Gefühl trifft. Steckt in uns nicht bereits die Angst, als Patient einem Mediziner statt einem Arzt in die Hände zu fallen, als Schüler einem Wissensvermittler statt einem Erzieher, als Christ einem Theologen statt einem Seelsorger? Bei allem Respekt vor wissenschaftlichen Grundlagen in Schule und Beruf: Unsere Welt, die aus allen Fugen zu geraten droht, braucht neben den Eierköpfen vor allem auch Menschen!

Und darum möchte ich Sie, liebe Schülereltern, einladen, das neue Schuljahr mit größerer Gelassenheit anzugehen. Seien Sie nicht allein auf Noten fixiert. Behalten Sie Ihr Kind im Auge, was es für schöpferische Fähigkeiten entwickelt, zu welchen zwischenmenschlichen Beziehungen es fähig ist, welche Sicherheit es in Wertfragen gewinnt. Darauf gibt es zwar keine Zensuren. Aber wenn Sie das Bemühen der Schule um diese Bereiche unterstützen und Ihr Kind in diesen Fähigkeiten fördern, dann helfen Sie mit, einen Menschen zu formen. Einen Menschen, der den Belastungen unserer Zeit standhalten kann.

Wolfgang Keim

Vor dem neuen Schuljahr

»Noch sind ja Ferien«, werden Sie zunächst vielleicht denken. Oder geht es Ihnen doch wie so vielen anderen, Eltern wie Schülern: Mit gemischten Gefühlen erlebt man das letzte (sorgen-) freie Wochenende, bevor die große Freizeit wieder begraben sein wird. Nach den Sommerferien stehen uns nämlich gewichtige Fragen ins Haus. Die drängendste ist wohl die nach der Person des (Klassen-)Lehrers. Wie soll der Lehrer aussehen, dem ich mein Kind gern anvertrauen würde?

Ich denke da an einige meiner eigenen Lehrer (tun Sie es auch):

● Da ist der väterliche Volksschullehrer K., der die gesamte Jugend dreier kleiner Juradörfer in einem einzigen Raum versammelt hatte, von den Abc-Schützen bis zu den angehenden Berufsschülern. Heute würde man so etwas wohl verächtlich eine »Zwergschule« nennen, und doch: Was ich dort erlebte, war einzigartig. »Vater« K. ersetzte uns Flüchtlingskindern die Väter, die noch in Gefangenschaft, vermißt oder gefallen waren. Zugleich legte er den Grundstein unserer religiösen Erziehung, denn Geistliche gab es damals nicht. So war er ein *»pater«* im weitesten Wortsinn.

● Da sind meine Lateinlehrer Pr. und D. in den Anfangsklassen des Gymnasiums, auf den ersten Blick nur harte, fordernde »Pauker« *(»magistri«)* — bei ihnen lernte ich die Ordnung und das Arbeiten. Erfolge blieben nicht aus, und mit den Erfolgen kam die Freude an der Sache. Heute bin ich den beiden dankbar dafür, daß sie mir damals nichts geschenkt haben. Echte Erfolgserlebnisse gibt es eben nicht gratis.

● Da ist Dr. K.; er war mein Deutschlehrer und Klassenleiter auf der Oberstufe des Gymnasiums. Ein eher stiller, unscheinbarer

Mann, der sich zunächst nicht durchsetzen konnte, gewiß kein »idealer« Lehrertyp also, der es aber irgendwie schaffte, unsere Klasse im Laufe der Jahre zum Guten zu verändern. Erst viel später wurde uns klar, wieviel Kraft und Zeit er aufgewendet hat, um gleichsam mit der Seele eines jeden einzelnen von uns zu ringen. Er war ein Hirte *(»pastor«)* und ein Arzt *(»medicus«)*, ohne daß wir es zunächst merkten.

● Da ist schließlich unser langjähriger Pfarrer und Religionslehrer Dr. A., der uns weniger durch seinen »Stoff« als durch sein persönliches Vorbild, durch die Art, seinen Glauben zu leben *(»exemplar«)*, beeindruckte. Erst, als er eines Tages durch einen unreifen Referendar ersetzt werden sollte, der nicht nur voller Probleme steckte, sondern sich sogar noch damit bei uns anbiedern wollte, merkten wir, was wir verloren hatten. »Wehe aber dem, der einen dieser Kleinsten verführt; ein Mühlstein um den Hals wäre besser . . .«: In Anspielung an jenes Wort Jesu hatte der beschriebene Referendar sehr schnell seinen Spitznamen weg und hieß nur noch der »Mühlstein Gottes«.

Warum alle diese Beispiele? Weil mich der Lehrer, dem ich mein Kind gerne anvertrauen würde, möglichst an einen jener Erzieher erinnern sollte, die ich beschrieben habe und an die ich selbst noch gerne denke.

Apropos »Erzieher«: Wie man hört, soll heute ja in der Schule wieder mehr »erzogen« werden. Wie sagte doch Benedikt von Nursia, Gründer des Benediktinerordens, vor mehr als 1500 Jahren: Der Erzieher sollte Vater *(pater)*, Lehrmeister *(magister)*, Seelenhirte und -arzt *(pastor, medicus)* und Vorbild *(exemplar)* seiner Schützlinge sein! Freilich: Die Erzieherweisheit eines Benedikt läßt sich nur schwer mit dem, was die heutige Pädagogik in Theorie und Praxis zu bieten hat, auf eine Stufe stellen.

Ernst von Kietzell

Kriegserfahrung – Friedenserziehung

Der Beginn des Zweiten Weltkriegs am 1. September 1939 ist ein historisches Datum. Oft aber begegne ich Menschen, älteren und jüngeren, für die jener Tag und jene Ereignisse seitdem persönlich und familiär nachwirken bis heute. Wehrdienst an der Front, manchmal mit gewissem Stolz erzählt, ist die eine Seite. Die andere Seite sind Erlebnisse von Zerstörungen, Flucht und Miterleben des Todes. Gerne und betroffen höre ich solchen Erzählungen zu. Große Geschichte ist auch die Summe von vielen Einzelschicksalen. Wer durch das Inferno hindurch gerettet worden ist, redet wie einer, der vom Tode auferstanden ist: vollmächtig, lebensnah, wegweisend.

Dankbar bin ich, daß seit fast vier Jahrzehnten in unserem Land kein Krieg ist. Andere Menschen anderer Länder können nicht so glücklich sein. Der Frieden ist zerbrechlich. Heute ist die Menschheit in der Lage, sich mehrfach zu vernichten. Der Frieden ist Ernstfall geworden.

»Wir wissen: Lange bevor ein Krieg ausbricht, hat er in den Gedanken und Herzen der Menschen schon begonnen. Mißtrauen und Angst und das Gefühl der Bedrohung löschen alle anderen Hoffungen aus. Darum haben wir jetzt für eine konsequente Erziehung zum Frieden zu sorgen. Diese Erziehung wird sich darauf richten müssen, dem Gefühl der Ohnmacht entgegen zu wirken und zur friedlichen Lösung von Konflikten zu befähigen, im persönlichen Bereich ebenso wie im Umgang der Staaten miteinander.« So haben bereits vor fünf Jahren der Bund der Evangelischen Kirchen in der DDR und die Evangelische Kirche in Deutschland (EKD) formuliert.

Bei dieser Friedenserziehung haben christlicher Glaube und

christliche Hoffnung ihren Platz. Christus ist unser Frieden. Sein Kreuz führt getrennte und verfeindete Menschen zusammen. Einen endgültigen Frieden auf Erden verspricht uns die Bibel nicht. Sie redet vom ewigen Frieden . . . Doch mit dieser Hoffnung, die alle unsere persönlichen und politischen Möglichkeiten übersteigt, macht Christus Christen fähig, mit zu helfen am Abbau von Gewalt, Haß, Feindbildern und Ängsten.

Unsere Vätergeneration hatte leidvolle Erfahrungen mit dem Krieg. Unsere Generation und die unserer Kinder brauchen hoffnungsvolle Erfahrungen mit dem Frieden, in Kindergarten, Schule, Familie und Öffentlichkeit. Der Beitrag im Namen Jesu ist: für den Frieden denken, arbeiten, ihn üben, für ihn beten. Herr, gib uns deinen Frieden − und fange bei mir an.

Friedrich Löblein

Die aktuelle Giftliste

Allerlei Gruselmeldungen aus der Lebensmittelbranche geraten in steter Regelmäßigkeit in die Schlagzeilen: Frostschutzmittel im Wein, Bruteimasse in Nudeln, Salmonellen in Hähnchenfleisch, milchfremde Zusätze in Quark und Käse, bedenkliche Substanzen in Brot und Wurstwaren, schädliche Stoffe sogar im durch Gesetz geschützten »reinen« bayerischen Bier. Die Palette reicht von der »bloßen« Unehrlichkeit der Panscher bis hin zur kriminellen Gesundheitsschädigung.

Mancher denkt: Was kann man denn da überhaupt noch essen? Laut Umfrage sind die »Giftstoffe in Lebensmitteln« für die meisten Bundesbürger zu einem »wichtigen persönlichen Problem« geworden. Wenn man es recht bedenkt, muß man sich eigentlich wundern, daß der Bio-Kult es erst in unseren Tagen geschafft hat, zu einer ertragreichen Handelsbranche zu werden, denn schon im Jahre 1877 war im »Kölner Stadtanzeiger« folgendes Verslein zu lesen:
»Wer nie sein Brot mit Gipsmehl aß,
wer nie bei schwerspatvollen Klößen
und kreideschweren Nudeln saß,
vor dem will ich mein Haupt entblößen.«

Ich habe die letzten Wochen in einem Kurort verbracht, bin Menschen mit allerlei Gebrechen und Krankheiten begegnet. Manche litten an den Folgen des Krieges oder eines Unfalls, andere hatten sich von einer Operation zu erholen oder wollten einfach neue Kräfte sammeln. Der größte Teil der Patienten aber litt an Herzrhythmusstörungen, Magengeschwüren, Schlaflosigkeit oder allgemeiner Nervosität, an Depression oder sonstigen psychischen Verstimmungen, an Störungen des vegetativen Nervensystems und manch anderen psychosomatischen Beschwerden.

Woher kommen diese Erkrankungen? Keiner der Betroffenen hat mir gesagt: von einem gepanschten Glas Wein, von Trichinen im Sonntagsbraten oder von unsauberen Teigwaren. Die spontane Reaktion auf die Frage nach der Ursache ist entweder ein Achselzucken oder sofortiges Schweigen, nicht selten fließen auch Tränen. Meist bestätigt sich, was Jesus schon vor 2000 Jahren den Pharisäern und Schriftgelehrten gepredigt hat: »Das, was uns wirklich krank macht, sind nicht so sehr die Dinge, die wir essen, sondern das, was wir ständig in unserem Inneren mit uns herumtragen, was aus unserem Herzen kommt.« Und er zählt auf: »Die bösen Gedanken, Unzucht, Diebstahl, Mord, Ehebruch, Habgier, Bosheit, Betrug, Ausschweifung, Neid, Verleumdung, Hochmut und Unvernunft.«

Das ist knallhart, aber sagt nicht auch der Volksmund, daß jemand vor Neid ganz gelb werde oder vor Zorn zu beben anfange, daß die Verbitterung die Galle überlaufen lasse und Sorgen schlaflose Nächte bereiten? Wie viele Krankheiten sind schon durch Lüge und Verleumdung ausgelöst worden, nicht nur beim Lügner, sondern leider auch beim Geschädigten? Daß Treulosigkeit in Verstellung und Angst, in gesteigerte Nervosität mündet, ist vielen Ehepartnern bekannt. Daß einer, der die Zügel über sich selbst schleifen läßt, jeden Halt verliert, daß der Maßlose zum Gefangenen von Ersatzbefriedigungen wird (jedes Jahr bringen sich Tausende durch zuviel Alkohol, Rauchen und übermäßiges Essen selbst um), daß einer, der von einem Abenteuer ins nächste stürzt, zum Psychopathen wird, ist auch kein Geheimnis. All dies bereitet nicht nur dem einzelnen, sondern leider oft auch der Umgebung bittere Plagen. Und gegen diese ist kein Kraut gewachsen, sondern da hilft nur Umkehr.

Vielleicht würde Jesus heute sagen: Eure Sorge um gesunde Kost, gesundes Wohnen und gesunde Kleidung ist ja recht und gut, sogar notwendig. Aber laßt diese Sorge nicht zur Zwangsjacke werden, denn das wäre auch ungesund. Überlegt statt dessen, ob ihr mit eurer Bio-Ideologie nicht gelegentlich auch ein Ablenkungsmanöver betreibt, um die eigentlichen Gifte nicht ansprechen zu müssen. Lest die Liste der Gifte, die euch wirklich krank machen, ruhig noch einmal durch (siehe vorherige Seite!).

So eine Aufforderung gerät freilich nicht in die Schlagzeilen. Macht nichts. Hauptsache, sie dient der Gesundheit — aber nur, wenn man sich danach richtet.

Peter Hinsen

Arbeit und Freizeit

Arbeit gestaltet die Welt·
und formt den Menschen

Wenn ich eine »Nur«-Hausfrau frage, ob sie arbeite, wird sie wahrscheinlich zur Antwort geben: nein. Wir wissen aber zu gut, daß eine Mutter mit Kindern viel tut und dies unregelmäßig, länger als 38,5 Stunden in der Woche und auch ohne Bezahlung, obwohl nach Refa-Berechnungen einer Familienmutter mit zwei Kindern ein Monatslohn von über 3000 Mark zustünde. Es gibt viele unter uns, die viel arbeiten und doch offiziell arbeitslos sind und damit »überflüssig« für diese Gesellschaft. Aber unser Gemeinwesen könnte gar nicht existieren, gäbe es diese unbezahlte Arbeit nicht in Vereinen, Verbänden und Organisationen. Arbeit ist eben mehr als das, was bezahlt wird. Es geht der Industriegesellschaft nicht die Arbeit an sich aus, sondern die organisierte und bezahlte.

Wenn das Wort der Bibel stimmt: »Jeder Arbeiter ist seines Lohnes wert« (Lk 10,7), dann müssen sich die Tarifpartner und die Verantwortlichen im Staat etwas einfallen lassen, wie sie in der Verteilung des verfügbaren und erwirtschafteten Einkommens auch die bedenken, die zwar ihre Arbeitskraft anbieten, aber nicht angenommen werden — wie gesagt, aber nicht nur finanziell, sondern in der geistigen und seelischen Bewertung. Wer nicht arbeiten darf, dem entzieht man das Wichtigste , was den Menschen formt: Mitarbeit und Selbstverwirklichung. Mögen vorher die Arbeitsbedingungen auch wie Hohn auf die Würde des Menschen ausgefallen sein, so merkt man dann erst, was einem abgeht, wenn man die Arbeitsstelle verloren hat, wie die mehr als zwei Millionen in der Bundesrepublik Deutschland es tagtäglich erfahren müssen.

Soll unser Staat mehr sein als eine Produktionshalle, in der immer mehr profitiert als humanisiert wird, dann müssen einige Grundsätze in Erinnerung gebracht werden:

1. Der Mensch hat ein Grundrecht auf Arbeit.

2. Jeder muß sich und seine Familie angemessen ernähren können mit dem, was zum jeweiligen Lebensstandard zählt und darüber hinaus auch noch etwas sparen können für besondere Not (Forderungen aus der Enzyklika von 1891 zum Familienlohn).

3. Jeder muß dabei ein höchstmögliches Maß an persönlicher Freiheit haben oder erhalten und nicht abhängig werden von der Macht anderer — dies nicht nur in seiner Freizeit, sondern auch in der Arbeit. Arbeit hat nach göttlicher Ordnung den Vorrang vor dem Kapital (Johannes Paul II.).

Wenn unser Land mehr sein soll als eine große Kantine, die nur dem Vergnügen und der Lust einiger dient, dann laßt uns Sorge tragen in brüderlicher Verantwortung, daß die Menschen ihren Lebenssinn finden im Angebot von Arbeit und Einkommen. Und wenn Deutschland kein Eiskeller bloßer Vernunft und Rechenkunst, von ratio, werden soll, dann laßt den Menschen wirklich Abbild des ewig tätigen Gottes sein, der seinen Sohn sandte, um 30 Jahre »nur« Arbeiterkind zu sein. Wenn wir schließlich keine irgendwie verwaltete Wohnmaschine werden wollen, dann brauchen wir Heimat und Vertrauen zueinander und untereinander. Dies erreichen wir nur, indem der Mensch anerkannt wird durch das, was er tut in der Küche oder in der Fabrik.

Matthias Doll

Traum von einer besseren Welt

»Ich träumt, daß ich gestorben bin und bekam als meinen Lohn 'nen Job in der Himmelstextilfabrik bei der Firma Petrus und Sohn. Wir hatten im Himmel genug zu tun und nie gab's ne Pleite, mein Sohn. Es war eine Freude, in dieser Fabrik am Montag zur Arbeit zu gehn. Als ich von diesem Traum erwacht« (situation songs) . . . da war ich wieder in der Realität des Jahres 1984 mit einer anhaltenden Arbeitslosigkeit und einem weltweit irrsinnigen tödlichen Kreislauf von Hochrüstung, Umweltzerstörung und einer radikalen Verelendung der Dritten Welt (besonders ist an die Hungerkatastrophe in Afrika zu denken!).

Gefühle der Ohnmacht und Ratlosigkeit kommen hoch angesichts dessen, daß alles scheinbar nur noch von Fragen nach der Wirtschaftlichkeit geprägt wird: »Was bringt das? Rentiert sich's? Was kommt dabei heraus?«

Zählt das Geld mehr als Weltanschauung, die mehr und mehr zur Privatsache degradiert wird? Die Wirtschaft scheint allgegenwärtig zu sein. Selbst Politiker, die von einer geistigen Wende sprechen, sagen: »Erst muß die Wirtschaft laufen, dann können wir etwas für die Familie tun; erst muß die Wirtschaft flott gemacht werden, dann können wir planen für die Bildung, die Ausländer, die Entwicklungshilfe . . .«. Hängt die Wende vom wirtschaftlichen Erfolg ab? Das wäre das Prinzip von Karl Marx und dieses darf doch wohl bezweifelt werden!

Verstehen wir es aber nicht falsch: Es soll keine Attacke geritten werden gegen Wirtschaft und Wohlstand, gegen Arbeit und Brot, aber wenn das ganze Leben davon bestimmt sein soll, dann kann es einem grauen vor der eigenen Zukunft und der geistigen Perspektivlosigkeit. Wenn der Kahlschlag der Wälder sich fortsetzt auch im moralischen und geistigen Bereich, dann gibt es bald weder gesunde Bäume mehr noch gesunde Menschen, die geprägt sind von den Gedanken der Gerechtigkeit und Liebe. Unter diesen Vorstellungen darf in der sozialen Verpflichtung des Eigentums dieses nicht gegen die Arbeit gerichtet sein; die Solidarität der »Arbeits-Besitzenden« mit den »Arbeits-Losen« muß alle Kraft und Phantasie aufbieten, das knapper gewordene Gut Arbeit an alle Arbeitswilligen und Arbeitsfähigen zu verteilen; mit aller Entschiedenheit muß der Mensch wieder im Mittelpunkt allen Bemühens stehen.

Es gibt keinen Sinn, die schlechten Zeiten zu verteufeln und die Dunkelheit einer noch nicht vollzogenen Wende zu bejammern. Besser ist es, ein Licht anzuzünden. Deswegen wage ich zu träumen von einer besseren Welt, in der das Heil der Menschen rundum verwirklicht wird. Ich wage zu träumen von guten Menschen, die sich mitverantwortlich wissen. Ich wage zu träumen auch von einer Arbeitswelt, aus der nicht nur der Werkstoff veredelt herauskommt, sondern auch der Mitarbeiter. Ich glaube eben daran, daß das Reich Gottes schon jetzt beginnen kann.

Matthias Doll

Notbremse ziehen?

Alles war gut geplant, aber dann kam alles anders. Als wir den Bahnsteig hinauf hetzten, hörten wir noch den schrillen Pfiff des Zugführers, aufspringen ging nicht, und niemand zog unseretwegen die Notbremse. Da standen wir nun reichlich bedeppert. Der Zug fuhr ab — ohne uns.

Dieses Bild trifft ziemlich deutlich die Situation in unserer Arbeitswelt: Menschen planen für ihre berufliche Zukunft. In den Schulen wird mit Zehntel-Noten über Lebens-Chancen entschieden, dann Bewerbungen . . . aber der Zug war mal wieder abgefahren.

Ältere Kolleginnen oder Kollegen haben zeitlebens geschuftet, ihre Produktion ist aber nicht mehr gefragt, der Betrieb macht dicht: Sie finden sich wieder in den Wartezimmern des Arbeitsamts. Dort warten sie nochmals auf Gelegenheit zum Aufspringen. Aber wie heißt es: »Türen schließen selbsttätig.«

Frauen sind ausgestiegen wegen ihrer Kinder: Jetzt gibt es meist nur noch Anschluß an einen Bummelzug (410-Mark-Arbeitsplatz), der an jeder Ecke (sprich: Krise) anhält. Manche warten lieber auf einen Eilzug, aber es ist wie im Busch: mal fährt einer, mal nicht.

Wer sind im Bild die Aufsichtsbeamten? Ich denke: der Staat, der für die Rahmenbedingungen zu sorgen hat. Manche Voraussetzungen haben sich in den letzten Jahren zum Besseren gewandelt, aber leider nur für die großen Verbindungen. Strecken werden stillgelegt, wie man durch entsprechende Sozialgesetze die Sozialhilfe-, Arbeitslosen-, BaföG- und Renten-Empfänger auf einem toten Gleis stehen läßt.

Die Zugführer sind die Unternehmer: Sie fahren gerne im (Wirtschafts-)Zug mit. Sie investieren auch, daß der Zug immer schneller und komfortabler (sprich: Rationalisierung) wird. IC-Züge (sprich: Konzerne) haben absolute Vorfahrt. Bei jeder Fahrplanänderung werden dafür einige Verbindungen gestrichen, die so lebensnotwendig gewesen wären.

Wer soll die Notbremse ziehen? Die Mitreisenden? Da fühlt sich keiner wohl, denn die Strafen gegen einen Verstoß der Eisenbahnverkehrsordnung sind sehr hoch, und außerdem darf der dann selbst aussteigen. Wagen es die Betriebs- und Personalräte?

Ihr Einsatz, zum Beispiel für Arbeitszeitverkürzung, bringt sie in Konflikt mit den ungeduldigen Fahrgästen (Arbeitsplatz-Besitzenden). Wer die Notbremse betätigt, bringt nur unnötig den Zug zum Stehen und stört die gewohnte Ordnung.

Als einzige Hoffnung bleibt das Signal vom Stellwerk. Wer hat die Entscheidungsfähigkeit, das Signal rechtzeitig auf rot oder grün zu setzen? Trauen wir Gewerkschaftsführern das nötige moralische Rückgrat und die Weitsicht in die wahren Zusammenhänge zu? Wer im Stellwerk Dienst tut, sollte die Voraussetzungen dazu haben, aber er braucht die Zuarbeit von unten, das heißt, die Solidarität der anderen. Der Betrieb muß möglichst störungsfrei gehalten werden.

In einer alten Geschichte wird erzählt, daß ein Reiter in gestrecktem Galopp über die Felder reitet. Ein Bauer fragt ihn: »He Reiter, wohin?« Der aber gibt zur Antwort: »Frag nicht mich, frag das Pferd!« Wir sitzen heute nicht nur auf einer Pferdestärke. Sollen die Pferdestärken die Antwort geben auf die Frage: Wohin? Wenn der (Wirtschafts-)Zug selbst bestimmt, wohin die Fahrt geht, dann ist der Teufel los. Dann wird auch bald der Mensch kaum mehr gefragt sein. Das gilt es zu verhindern.

Matthias Doll

Wir haben uns bemüht, aber . . .

Aus einem Brief einer Frau: » . . . unser Sohn hat über 100 Bewerbungen geschrieben; bis heute hat er keine Aussicht auf eine Lehrstelle, trotz gutem Realschulabschluß. Mein Mann hat nun auch seinen Arbeitsplatz verloren. Wir sind jetzt 40 Jahre alt und stehen vor einem Scherbenhaufen. Das mühsam erarbeitete Haus müssen wir aufgeben; eine Wohnung ist als Arbeitsloser nicht zu bekommen; auf den Ämtern nur hilfloses Schulterzucken und: »Irgendwann ergibt sich bestimmt etwas«. — Wir sind sicher nicht die einzigen, die sagen: wir haben uns bemüht, aber . . .«

Solche Briefe machen mich traurig und verlegen zugleich. Was soll ich antworten? Ich kann doch nicht ebenfalls sagen: »Irgendwann ergibt sich bestimmt etwas.« Was würde wohl Jesus in dieser Situation tun? Er würde ganz sicher auch keine Arbeitsplätze herbeizaubern können, aber er würde auch nicht billig vertrösten. Ich denke daran, wie er den mutlosen Fischern am See Genesaret begegnete, die ebenfalls klagten: »Wir haben uns so abgemüht, aber ohne Erfolg.« Jesus ließ diese Klage nicht einfach an sich abtropfen, sondern stieg zu diesen Leuten ins Boot, obwohl Simon Petrus und seine Kollegen für ihn damals noch ganz wildfremd waren. Vielleicht waren sie gerade deswegen später so gute Freunde.

Ich meine, daß wir — soweit wir uns an Jesus orientieren wollen — auch so handeln sollten: in das gleiche Boot einsteigen. Das heißt: die Sorge der Arbeitslosen zu unserer eigenen machen. Gewiß kann einer, der seinen sicheren Posten hat, nicht ohne weiteres in die Haut eines Arbeitslosen schlüpfen. Aber mehr als distanzierte Ratschläge wären durchaus möglich. Wie oft wird in verletzender Weise unterstellt, die Betroffenen würden sich nur nicht in ausreichendem

Maß bemühen? Oder es kommt nur die resignierende und zugleich abweisende Feststellung: »Das ist eben heute so!«

Leere Phrasen helfen nicht. Sie machen nur noch trauriger, mutloser und verschämter. Wenn jedoch ein Arbeitsloser weiß, daß für ihn viele in seiner Nachbarschaft oder in seiner Gemeinde ihre Augen und Ohren aufmachen, um mit ihm zu suchen, daß viele ihre Beziehungen einsetzen, so als ginge es um ihren eigenen Lebensunterhalt, das kann Hoffnung geben. Welche Hilfe wäre es allein für manchen, der sich mit dem Abfassen von Bewerbungsschreiben schwer tut, wenn ihm dabei jemand helfen würde, denn oft hängt schon von der äußeren Form solcher Briefe sehr viel ab. — Von dieser Solidarität, die sich nicht nur in Worten erschöpft, ist in unseren Gemeinden noch viel zu wenig zu spüren. Aber meist ist dort auch nicht bekannt, wer ohne Arbeit ist. Das kommt jedoch nicht von ungefähr, denn die meisten Betroffenen sagen: »Wozu auch? Die helfen mir ja doch nicht!«

Wer sich bereit erklärt, sich mit den Niedergeschlagenen in ein Boot zu setzen, der kann auch Mut machen und wie Jesus sagen: »Versuch es noch einmal und wirf das Netz aus! Ich helfe dir dabei.« Dann klingt es nicht nach Vertröstung, sondern dann ist dies der Appell zum gemeinsamen Bemühen. So kann man Zeiten der Erfolglosigkeit besser durchstehen, so kann der Vorrat an Hoffnung eher ausreichen, bis endlich etwas »eingefangen« ist.

Allen, die sich schon lange abmühen, aber ohne Erfolg, wünsche ich, daß sie Menschen finden, die sich zu ihnen ins Boot setzen und mit ihnen erneut das Netz auswerfen.

Peter Hinsen

Gläser putzen

Der langentbehrte Sonnenschein ist ein großer Verführer, er lockte nicht nur mich auf eine Parkbank — alle waren besetzt. Auf der nächsten, nur wenige Meter entfernt, ließen sich zwei Frauen mit einem Kind nieder und ich wurde notgedrungen Zeuge ihrer Unterhaltung. Das war lästig, denn eigentlich wollte ich nur den Meisen auf Brautschau im Geäst der Bäume zuhören, den fetten Hummeln beim Blütenbesuch in den leuchtenden Beeten zusehen und Ruhe und Sonne auftanken für den nächsten stressigen Kraftakt, den der Alltag mir abverlangen würde.

Der hatte mich nun über die Nachbarinnen glatt eingeholt! Die beiden sahen aus wie eine Winterwohnung vor dem Osterputz, und ihre Gespräche waren danach. Die eine klagte, daß ihr der jähe Umschwung von Wintertemperaturen auf Wärme stark zu schaffen mache; da war von Kreislaufbeschwerden, Migräne und dem Rheuma der Schwester die Rede. Die andere packte häuslichen Kummer auf der Parkbank aus: nichts als Arbeit, Ehemann meckert herum, halbwüchsiger Sohn mit frechem Mundwerk, Auto schon wieder in der Werkstatt, und beim Thema »Geld ist knapp« klangen die Jammertiraden der beiden im Chor.

Das kleine Mädchen hatte derweil Tulpen und Narzissen inspiziert, Kreise in den Kiesweg gekratzt, und nun kam es mit einem Gänseblümchen und einem Steinchen in der Faust und legte beides der Mutter in den Schoß. Umschwung zur Idylle? Keineswegs! Frau Nachbarin klapste das Händchen: »Laß doch den Dreck liegen!« mahnte: »Du darfst keine Blumen abreißen!«, sah erschrocken auf die Armbanduhr, und mit einem: »Ach du meine Güte, ich muß heim und kochen!« wurde der Parktreff aufgelöst. Ich blieb nachdenklich zurück; Unmut grollte in mir.

Die beiden hatten mich gestört und kribbelig gemacht mit ihrem Nörgeln. Nun trotteten sie sicher auf das nächste Dutzend Ärgernisse zu. Hatten sie denn das Streicheln der Sonne nicht gespürt? Vor ihren Nasen die Farbenpracht der Blumen hatte sie ebensowenig abgelenkt von ihren Wehwehchen wie die zutraulich-liebevolle Geste der Kleinen. Waren sie blind oder taub oder was?

Oder was? Mir kam die Idee, daß die Frauen vielleicht wirklich die »falsche Brille« aufhatten, die sie nur alles Trübe und Mißliche sehen ließ. Mein Unmut wich der Traurigkeit. »Schauen Sie, welch herrlicher Frühlingstag, und wie lieb ist die Kleine!« hätte ich ihnen zurufen müssen, doch ich habe zu spät geschaltet. Die drei waren weg, ich konnte ihnen die Brillengläser nicht mehr putzen.

So wischte ich wenigstens — wieder einmal — an den meinen. Das sollte man genauso oft tun wie bei den richtigen Nasenreitern. Es lohnt sich. Gott pflastert unseren Weg nicht nur mit Hindernissen — er läßt auch Blumen daran wachsen, die Schmetterlinge fliegen: Wir müssen sie nur ebenso intensiv wahrnehmen wie den Schmerz am Schienbein, wenn wieder mal ein »Stein des Anstoßes« in die Quere kam.

Einfach ist es sicher nicht, sich gegen Ärger, Enttäuschung und Traurigkeit zu wehren, damit sie nicht blind machen fürs Erfreuliche. Ein Spruch über meinem Schreibtisch ist mir ständige Mahnung: »Gebet aus der Tiefe: Gib mir Stärke! Stimme von oben: Gib dir Mühe!« Wer sich beim Gläserputzen anstrengt, darf auf ein »Aha«-Erlebnis als Sterntalerkind hoffen und vielleicht spüren, was die Dichterin Hilde Domin in ein köstliches Wort-Bild zauberte: »Und das Glück beißt seinen kleinen Zahn in mein Herz«.

Barbara Schmidt

Super-Angebot: Ferien vom Ich

Erleben Sie die schönsten Tage des Jahres, jetzt wo der Sommer seinem Ende entgegen sieht, in unserer Super-Ferien-Kolonie. Wir garantieren: alles!

Fliegen Sie mit uns, und Sie werden unvorstellbare Urlaubserlebnisse haben. Surfen, Tieftauchen, Sommerski und Kamelreiten gehören ebenso zu unserem Programm wie die Kreativ-Kurse Malen, Töpfern und Weben. Aber auch ein ausgezeichnetes Faulenzer-Programm können wir Ihnen anbieten.

Spannen Sie aus, ab und um!

Erleben Sie mit unserer Reisegesellschaft Ihre schönsten Tage dieses Jahres, die Super-Abwechslung vom Alltag, die Exclusiv-Ferien vom Ich!

Ein verlockendes Angebot hatte ich da in meiner Tageszeitung gefunden! Nach 350 Tagen Einerlei endlich mal wieder ein anderer Mensch sein, raus aus dem täglichen Trott, innerer Tapetenwechsel.

Wie oft hatte ich mich in den letzten Monaten danach gesehnt, die Aufgaben meines Alltags hinter mir zu lassen. Jetzt saß ich auf einem der großen Felsbrocken, die man zur Strandbefestigung am Ufer angeschüttet hatte, damit die Wellen den mühsam angelegten Sandstrand nicht gleich fortspülen. Es war der letzte Super-Alltags-Abwechslungs-Ferientag. Es war ja auch schon die Zeit, wo der Sommer seinem Ende entgegen sieht, wie es im Angebot geheißen hatte. Die Sonne war bereits schwächer, doch das Meer sprach noch von der Wärme der großen, heißen Tage. Der Segelkurs war beendet, die Tieftaucher bauten ihre Ausrüstungen ab, und in einiger Entfernung diskutierte ein junger Mann mit dem Strandwärter, ob und wie er sein Surf-Brett die nächsten 350 Tage im Ferienort lagern könne.

In dieser Traumzeit zwischen gestern und morgen wurde mir alles klar, verstand ich meinen Irrtum. Drei Wochen hatte ich gebraucht, um zu begreifen, daß es keine Ferien vom Ich geben kann. Während ich meine Kinder beobachtete, die von ihrer Sandburg ausgehend Straßen zum Wasser angelegt hatten, während immer wieder leise Wellen diese kleinen Bauwerke menschlichen Eifers zerstörten, wußte ich, daß ich mein Leben nicht länger in den Sand bauen möchte.

Selbst der energische Fußabdruck und die liebevoll verzierte Sandburg werden Opfer der Wellenschläge, wenn wir sie aus dem falschen Material geformt haben.

Was erwartet mich daheim nach diesen Ferien vom Ich? Dasselbe Ich, das ich vor drei Wochen zu Hause ließ, das nach 350 Tagen wieder raus will, das so viele Tage ertragen muß, letztlich in der Hoffnung auf den 351. Tag?

Mein Exclusiv-Ferienangebot für das nächste Jahr sieht anders aus. Mein Reiseziel lädt ein zum Verweilen, zum Nachdenken, zum Überdenken. Fernab von der Flucht vor dem Ich werde ich mit Sicherheit keinen der Literatur- und Meditationskurse zur Selbstfindung aus dem neuen Programm geschäftstüchtiger Reiseveranstalter buchen. Ich buche die »Ferien zum Ich«. Obwohl oder gerade weil jeder Sommer dem Ende entgegen sieht.

Petra Giesbert Isselhorst

Wohin Du auch gehst, geh' mit ganzem Herzen

Wir stehen am Ende eines Schul- und Arbeitsjahres, und die Ferien- und Urlaubszeit liegt vor uns. Ein chinesisches Märchen hat mich angeregt, über dieses Thema zu schreiben.

»Ein Salzmännchen hatte eine weite Wanderschaft durch trockene Gegenden hinter sich und kam an das Meer, das es noch nie gesehen hatte. Es blieb am Ufer stehen und sah die fremdartige, bewegte Oberfläche. Auf die Frage, was das denn sei, erhielt es zur Antwort: ,Ich bin das Meer.' Das Salzmännchen aber fragte weiter: ,Was ist das, das Meer?« Und das Meer antwortete ihm: ,Das bin ich!' Da meinte das Salzmännchen: ,Ich kann dich nicht begreifen, obwohl ich es gerne begreifen möchte. Ich weiß nur nicht wie?' Da antwortete das Meer: ,Berühre mich, dann wirst du mich begreifen!' Das Salzmännchen bewegte einen Fuß abwärts und berührte das Meer. Und dabei hatte es den seltsamen Eindruck, das fremde Wesen würde erkennbar. Das Männchen zog seinen Fuß zurück und sah, daß die Zehen verschwunden waren. ,Was hast du gemacht?' rief es entsetzt. Da antwortete das Meer: ,Du hast etwas hergeben müssen, um mich begreifen zu können.'

Und nach und nach löste sich das Salzmännchen immer mehr im Wasser auf. Zugleich hatte es den Eindruck, das Meer immer besser zu begreifen.«

Geht es nicht vielen von uns so, jetzt, kurz vor dem Urlaub? Eine weite Wanderschaft haben wir hinter uns, und abgekämpft empfinden wir, als wären auch wir durch trockene Gegenden gewandert. Wir sagen: Die Luft ist draußen.

Wir stehen an einem neuen Ufer, und was vor uns liegt, ist fremd. Auf die Frage: Was ist das, was vor uns liegt?, bekommen wir die

Antwort: Das bin ich – das Leben, der Beruf, die Welt. Und das Leben antwortet weiter: »Berühr mich, dann wirst du mich begreifen.« Das Leben berühren, diese Möglichkeit haben wir jetzt im Urlaub. Sich einlassen auf die herrliche Natur, den Wellengang des Meeres, den weichen Sand am Strand, die Ruhe des Waldes, sich aussetzen den Sonnenstrahlen, einem erfrischenden Regen.

Das Leben berühren, heißt aber auch einmal umweltbewußt mit dem Auto über die Autobahn fahren, rücksichtsvoll fahren, mit der Familie etwas unternehmen.

Das Leben wird sich dabei zu erkennen geben. Wichtig ist sicher, daß wir uns selbst mit ganzem Herzen eingeben. »Man sieht nur mit dem Herzen gut, das Wesentliche bleibt den Augen unsichtbar«, sagt der kleine Prinz.

Denken wir an einen Urlaub in den Bergen. Haben wir einmal die Stille einer Bergwelt ausgehalten? In eine solche Stille einmal eine halbe Stunde hineinhorchen kann mehr bewirken als eine Woche Erholung. Nichts tun als den Raum empfinden, mit den Vögeln ziehen und in die Weite hineinsehen, die gewaltigen Berge auf sich wirken lassen und sich selbst in diese Stille hineinbegeben. Später wird man sich erinnern, wenn der Beruf, die Eile wiederkehrt. Man schließt – mitten in der Arbeit – die Augen und versetzt sich in jenen Augenblick der Stille. Und man weiß, man kann nur schweigen, solange man hört. Wo das Hören endet, beginnt der Lärm von außen und von innen.

Eins mit den Menschen, mit der Welt und mit Gott kann nur sein, wer sich einläßt mit dem Herzen.

Carola Weller

Und noch ein Fest!

Ich sitze an meinem Schreibtisch. Es ist Sonntagabend 21.30 Uhr. Vor dem Fenster, in der Talsenke, ist ein Festzelt aufgebaut. An mein Ohr dringt unüberhörbar ein Gemisch aus bierselig-lauten Männerstimmen, Musik und Weinen übermüdeter Kinder. Ein Fest wird gefeiert.

Am Nachmittag haben wir Freunde besucht. Die Anfahrt führte uns durch ein kleines Tal, in dem ein Ort nach dem anderen auf Einladungstransparenten anzeigte, daß heute gefeiert wurde: Feuerwehr, Imker, Gesangverein u.a. Die Gründungsjubiläen, früher im 25-Jahres-Abstand begangen, werden inzwischen offensichtlich alle fünf Jahre gefeiert. Da ist es dann nicht verwunderlich, wenn mit Beginn der warmen Jahreszeit bis tief in den Herbst hinein kein Wochenende vergeht, ohne daß ich nicht eigentlich ein solches Jubiläum, ein Stadtteil-, Straßen- oder sonstiges Grillfest besuchen sollte.

Friedrich Nietzsche mäkelte einmal, Christen würden so wenig erlöst wirken; damit meinte er wohl: so wenig froh aussehen. Doch die Veranstaltungskalender zeigen uns, daß die Christen in den Reigen des Feierns mit Kindergarten- und Pfarrfesten voll mit eingestiegen sind.

Ist bei uns, den als arbeitswütig verschrienen Deutschen, den als sauertöpfisch-moralisierend abgestempelten Christen nun endlich der Knoten geplatzt? Haben wir es geschafft, was anderen Völkern im Blut zu liegen scheint, froh und unbeschwert unserer Freude am Leben durch Feste und Feiern Ausdruck zu verleihen?

In mir nagen Zweifel! — Sicher, Menschen, die das ganze Jahr hindurch, besonders in den Neubauvierteln der Stadtteile und Ortschaften anonym aneinander vorbeirennen, sitzen plötzlich nebeneinander, finden im Gespräch zueinander, entdecken, daß der Bewohner der Hausnummer 38 auch ein Mensch ist. Diese erste Erfahrung erweist sich vielleicht sogar als tragfähig für längere Zeit: ein freundlicher Blick, ein aufmunterndes Wort im Alltag — das sind Erfolge, die bleiben. Sicher wird auch das in unserer Zeit so dringend notwendige Gemeinschaftsgefühl in der Nachbarschaft, in der Pfarrei, unter Gleichgesinnten verschiedener Interessengruppen gestärkt — ein wichtiger Beitrag gegen die schlimmme Krankheit der Vereinzelung und Isolierung unserer Tage.

Aber wenn man genau hinschaut: Wird der Erfolg all dieser Feste nicht vorrangig gemessen an der Zahl der Teilnehmer, an der Menge der ausgeschenkten Getränke und der verzehrten Speisen? Ich weiß, der Erlös fließt in der Regel guten Zwecken zu, die Veranstalter können stolz sein, wie Kindergärten, Schulen oder soziale Einrichtungen durch solche Feste gefördert werden. Ich kann mir nur nicht vorstellen, daß das eigentliche Anliegen des Festfeierns überhaupt noch durchscheint: das Fest als Zeichen meiner Freude, meines Frohseins – das schaffe ich einfach nicht, Wochenende für Wochenende bei Bratwurst, Bier und ohrenbetäubender Musik.

Was sich derzeit vor aller Augen abspielt, ist ein Überschwappen an Festaktivismus, wobei eine Gruppe die andere in Zugzwang versetzt: Was die können, das gelingt uns schon lange! Was auf der Strecke bleibt, ist die freie Spontaneität, ist die impulsive Freude, die nicht unbedingt des Alkohols als Geburtshelfer bedarf.

Um verärgerten Reaktionen aus dem Leserkreis vorzubeugen: Ich bin kein Asket, nehme ab und zu gern an solchen Festen teil; ja ich bin sogar gerade aktiv dabei, solch ein Fest vorzubereiten und durchzuführen. Aber vielleicht gerade deshalb gehen mir diese Gedanken durch den Kopf.

Wolfgang Keim

Mehr Urlaub?

In der Schweiz wurde eine Volksabstimmung gehalten, ob der Mindesturlaub aller Arbeitnehmer von vier auf fünf Wochen erweitert werden solle. Ergebnis: zwei Drittel stimmten dagegen. Wie die Presse schrieb, seien für diese eindeutige Ablehnung zwei Beweggründe entscheidend gewesen: 1. die Einsicht, daß nicht mehr an Sozialleistungen verteilt werden kann, als zuvor durch Produktivität eingesammelt worden ist; 2. die Frage, ob noch mehr Urlaub wirklich gesund ist.

Wenn ich mich an meine Kinderzeit erinnere – da wurden wir Schüler und natürlich auch unsere Lehrer um unsere Ferien beneidet. Daß der Bäcker, der Schuster oder gar der Milchmann, den es damals noch gab, sein Geschäft auch nur für eine Woche ruhen ließ, das war unvorstellbar. Oder wo gab's das schon, daß der Pfarrer in Urlaub fuhr und seine Schäfchen einem »Mietling« überließ? Gewiß, die Angestellten und Arbeiter hatten ihren Urlaub, aber den nutzten sie, um einiges im Garten nachzuholen, eine Mauer auszubessern oder die Küche frisch zu streichen. Ich hatte das Glück, daß ich — als ich schon etwas größer war — zu Verwandten aufs Land fahren konnte. Dort »durfte« ich bei der Ernte helfen.

Es gilt als unumstößliches (wenn auch unbewiesenes) Dogma, daß Urlaub der seelischen und körperlichen Gesundheit diene. Dann müßten wir einiges gesünder sein als unsere Großeltern. Selbst ohne Urlaub brauchen die meisten von uns an etwa 120 Tagen des Jahres, das sind vier volle Monate, nicht zu arbeiten. Aber was haben wir aus unseren freien Samstagen gemacht, von den Sonntagen ganz zu schweigen? Selbst auf die Gefahr hin, als Miesmacher zu gelten, möchte ich bezweifeln, ob uns noch mehr Freizeit, aufs Ganze gesehen glücklicher machen würde. Ich habe schon deswegen meine Zweifel, weil der Streß vor und nach dem Urlaub oder Wochenende ein gut Teil dessen wieder auffrißt, was an Erholung angesammelt wurde. Und jeder Lehrer weiß ein Lied davon zu singen, wie hinderlich die kurzen und längeren Unterbrechungen im Schulrhythmus für das Lernen, Wachsen und Reifen sind.

Um keinen Zweifel aufkommen zu lassen: Auch ich halte den Urlaub für eine gute Einrichtung, denn wir brauchen solche Quellen der Erholung und auch die Möglichkeiten der geistigen Horizonterweiterung durch die Begegnung mit fremden Ländern, mit deren Menschen und Kultur. Aber dafür reichen mir ein bis zwei Wochen. Leider sehe ich mich fast gezwungen, länger wegzufahren, weil ich daheim nicht in Ruhe gelassen werde. Das ist schade, denn am liebsten bin ich zu Hause; jede längere Abwesenheit stört meine seelische Balance, macht mich ungeborgen. Sogar das Glaubensleben verliert an Beständigkeit. Daheim inmitten meines Pflichten- und Lebenskreises muß ich Gott ganz anders standhalten, da sind die Probleme des Alltags und meines Lebens. Und diesen Problemen bin ich umso weniger gewachsen, je öfter und länger ich ihnen davonlaufe.

»Daheim ist es doch am schönsten«, das ist bezeichnenderweise gerade in der Urlaubszeit besonders häufig zu hören. Daheim kenne ich mich aus, da bin ich geborgen, da gibt das Gewohnte die nötige Sicherheit. Und auch Gott kann ich am besten daheim begegnen. Gewiß, Gott ist überall zu erreichen, aber verbindlich spricht er mich vor allem dort an, wo ich zu Hause bin.

Vielleicht sollten wir unser Denken einmal umpolen und nicht ständig fragen, wohin wir demnächst fahren werden, sondern: Wann werden wir wieder einmal zu Hause bodenständig? Mit scheint, die Schweizer sind uns da, wie in manchen anderen Belangen auch wieder etwas voraus.   *Peter Hinsen*

Bann brechen

Ende der Urlaubsreise: Nächtliche Heimfahrt per Bahn, acht lange Stunden mit mehrmaligem Umsteigen stehen auf dem Programm. Da schickt man sich grimmig in die Zwänge des Fahrplans, wappnet sich mit Geduld, reichlich Lesestoff und Wegzehrung. Nach fünf Stunden Rattern und Rasen durch die Nacht kommt die unvermeidliche Zwangspause um ein Uhr früh auf einem großen Bahnhof in einer fremden Stadt.

Es riecht noch nach Betriebsamkeit, Menschengewühl, Hetze. Jetzt hallen einzelne Schritte auf den Fliesen, die Läden in den Passagen sind zu, die meisten Schaufenster dunkel, die langen Gänge gähnen unheimlich. Zwangspause . . .

Das Absitzen der Wartezeit findet im einzigen noch geöffneten Restaurant statt. Wer jetzt noch unterwegs ist, der ist müde und gereizt, mit seinen Gedanken wohl am Ziel der Reise. Zwei, drei Dutzend Menschen hasten im Lokal, eine zusammengewürfelte Gesellschaft, vom Kellner an einige wenige beleuchtete Tische dirigiert. Er will sich unnötig weite Wege sparen, wenn er seufzend hinter seinem Ecktisch hervorkommt, um einen Hereingeschneiten nach seinen Wünschen zu fragen. Das tut er mit leerem Blick über ihn hinweg, die Bockwurst und den Tee reicht er mit steinerner Miene.

Da sitzen wir alle, zwangsgestoppt auf langer Reise, recht nah nebeneinander, aber Welten trennen uns. Hier fehlen das Plaudern und das Lachen eines gemütlichen Lokals, hier kommt keiner aus freien Stücken vorbei, hier brütet jeder allein für sich, zum wahrhaftigen Zeit-Vertreib. Der dunkelhäutige Ausländer döst, den Kopf auf den Arm gelehnt. Eine Dame im Pelzjäckchen fingert nervös an ihrer Zigarette. Eine alte Frau umklammert die Griffe ihrer schweren Reisetaschen. Jeder starrt vor sich hin, eine düstere, schwere Stille lastet über uns.

Und dann kommt einer herein und ruft laut und fröhlich »Guten Morgen«. Köpfe fahren hoch, Gesichter werden lebendig, erstaunte Blicke konzentrieren sich auf den schwer Bepackten, der seinen Rucksack absetzt und einen Herrn mit Aktenkoffer fragt: »Darf ich mich zu Ihnen setzen?« Unüberhörbar. Der Ankömmling erhält sogar ein paar zerquetschte »Mojn, Mojn« zur Antwort! Der müde Ober schlurft herbei, und der merkwürdige Gast sagt zu ihm: »Das ist auch kein leichter Job, den Sie da haben! Kann ich trotzdem einen Kaffee kriegen?« Da kommt ein Lächeln in die Falten dieses übernächtigten Gesichts, der Kellner spricht: »Gerne.« Und nun springt der junge Mensch auch noch auf und öffnet der alten Frau die Flügeltür, durch die sie sich mit ihren mächtigen Reisetaschen zwängt. Ich habe genau ihr geflüstertes »Danke« gehört, und ihr Blick war gar nicht mehr leer.

Mir kommt vor, die Menschen, die hier zusammen sind, nehmen einander plötzlich wahr, zeigen eine Spur von Interesse. »Würden Sie bitte einen Moment auf mein Gepäck aufpassen?« spricht mich eine Frau vom Nachbartisch an. Der Herr neben mir leiht sich von seinem Gegenüber eine Zeitschrift aus. Ein Neuankömmling wird mit einem freundlichen Nicken an einen Tisch geladen, man rückt zur Seite, hilft Koffer zu verstauen.

Ein einzelner hat mit seinem Guten-Morgen-Wunsch für uns alle den Bann gebrochen, hat aus der Last des erzwungenen Nebeneinander Begegnung gemacht. Bei der nächsten Zwangspause will ich mich an ihn erinnern und versuchen, auch mit Freundlichkeit zu zündeln. Sie kann so leicht anstecken! Probieren Sie es ebenfalls?

Barbara Schmidt

Macht im schwachen Arm

Was haben Sie aus dem Urlaub mitgebracht? Etwas Kraftreserve – schon wieder verbraucht? Eine Bilderfolge interessanter Eindrücke – die in Fotoalbum, Kopf und Herz nach und nach verblaßt? Ein Souvenier, das auf dem Regal verstaubt? Mir bleibt heuer eines lebendig und bewegend, nach einem Erlebnis, von dem ich berichten möchte.

Am afrikanischen Strand war alles reklamemäßig: Das kitschig blaue Meer kräuselte sich in leichten Wellen, eine sanfte Brise nahm der Sonnenglut den Biß, im sauberen Sand aalten sich nicht allzu viele faule Leiber. Dösen, lesen, räkeln die einzige Beschäftigung. Die Gedanken schwammen.

Da wurde die Idylle zweifach gestört. Ein Hubschrauber röhrte dicht über den Strand. Die Damen und Herren auf dem »Germanengrill« riskierten einen ärgerlichen Blick nach oben. Gleichzeitig rannte ein etwa zehnjähriges Kind durchs aufspritzende Wasser ans Ufer, warf sich in den Sand.

Die lästige Lärmquelle spukte längst in der Ferne, da lag das Kind noch immer – ganz in der Nähe meiner Sandkuhle. Es lag so komisch – dicht an den Boden gepreßt, mit fliegenden Gliedern, nun war auch ein Keuchen zu vernehmen. Das sah nicht nach Spiel aus! Ich warf beunruhigte Blicke nach links und rechts: Kommt da keine Mutter, kein Vater herbei? Nein, nur die Nachbarn guckten herüber.

Ein bißchen ratlos und beunruhigt näherte ich mich der verrenkten Gestalt. Ich sah in ein blasses Gesicht mit bläulichen bebenden Lippen und schrägen Augen, deren Ausdruck ich nie vergessen werde. Sie waren über den schützend vorgehaltenen Ellenbogen genau auf mich gerichtet, doch glasig, sahen glatt durch mich hindurch.

Ich sprach das Kind an: Hast Du Dir weh getan? Bist zuviel geschwommen? Ohnmacht der Worte! Dieses Kind verstand meine Sprache nicht. Es blieb stumm, die Augen schienen mir Abgründe unheimlicher Finsternis. Ich berührte die Stirn, die Hände – in afrikanischer Sonne waren sie ganz kalt. Eine Verletzung war nirgendwo zu entdecken, aber das Herz raste.

Was tun? Ich nahm das Kind in den Arm, streichelte das schwarze Haar, rieb Arme und Beine, murmelte beruhigende Worte, fühlte mich sehr hilflos. Allmählich wurde aus der verkrampften Puppe wieder ein Menschlein. Es schmiegte sich an, das Keuchen ließ nach, Farbe kehrte ins Gesicht zurück, entspanntes Mundzucken. »Geht es wieder?« Wir richteten uns auf. Das fremde Geschöpf blieb still und freundlich in der Nähe meiner Sandburg, besteckte sie mit gelben Strandblumen und Muscheln. Etwas Warmes verband uns. Ich las. Hin und wieder trafen sich unsere Blicke, wir tauschten ein Lächeln. Was immer das auch vorhin gewesen sein mag – nun schien alles in Ordnung.

Bis ein Flugzeug, ein silberner Urlaubervogel, hoch oben übers Blau zog – kaum zu sehen, schwach zu hören. Da lag die Kleine schon wieder im Sand, dicht neben mir, verbarg den Kopf, stöhnte und zitterte. Als ich sie schnell mit halbem Körper bedeckte, anflehte: »Was ist, sag doch endlich etwas!« da scheuchten rudernde Arme das ferne Flugzeug weg, das gequälte Schwarz in den Augen glühte wieder, und die armen Lippen stießen das eine, einzige Wort hervor, das dieses Kind in meiner Sprache kannte und das mich alles verstehen ließ: »Krieg!«

Der grausige Reim auf das merkwürdige Verhalten des Geschöpfes mit den Mandelaugen bot sich an: Es hatte Krieg erlebt – wo auch immer – Fliegerangriff! So Entsetzliches mußte geschehen sein, daß es selbst hier am friedlichen Urlaubsgestade bei Motorengeräusch hingeworfen wurde in lautloser Panik.

Ich habe dem Krieg in die Augen gesehen – das ist etwas anderes, als Nachrichten zu hören und der Phantasie einen kurzen Horror-Trip zu gestatten! Ein Zweites, Tröstlicheres nahm ich als bleibendes Andenken mit aus dieser Begegnung: Auch scheinbar arme, nutzlose Gesten des Mitfühlens sind imstande, namenlosem Entsetzen den Stachel zu nehmen; Zuwendung baut Brücken zwischen stummen, fremden Menschen.

Vielleicht begegnet auch Ihnen ein Leid, eine bittere Not, und Sie können die Ursache nicht beseitigen. Wenden Sie sich nicht ab in hilfloser Ohnmacht! Gott befähigt uns nicht, alles Schlimme auszumerzen. Aber manchmal reichen unsere dürren, mitfühlenden Worte, unsere schwachen Arme aus, eine verzweifelte Situation zu entschärfen und erträglich zu machen. Ein paar Blumen an Ihrer Sandburg können der Beweis dafür sein.

Barbara Schmidt

Wovon man spricht

Deine Sprache verrät Dich

Auf dem Spielplatz im Park gab sich die internationale Kinderwelt ein Stelldichein: blonde Mädchenzöpfe, schwarze, vom Wind zerwühlte Lockenköpfe, Augen blau wie der Sommerhimmel und braun wie das Geäuge der Rehe. Freude, Ausgelassenheit, sorgenfreier Übermut. Es machte mir Spaß, an den Gesichtern herumzurätseln, um die Kinder ihrer jeweiligen Nationalität zuzuordnen. Als sie mich später hüpfend und tanzend umkreisten und lustig auf mich einredeten, merkte ich, daß ich mit meiner Vermutung völlig falsch lag. Erst durch ihre SPRACHE erkannte ich, wer Jugoslawe, wer Italiener, Türke, Amerikaner und Deutscher war.

Da meldete sich bei mir ein Schriftwort: »Deine SPRACHE verrät dich. Du bist einer, der zu IHM gehört.«

Im qualmenden Rauch des flackernden Holzfeuers, dort im Vorhof des Hohenpriesters, war das Gesicht des Petrus nicht erkennbar. Aber seine SPRACHE verriet die Zugehörigkeit zu Jesus. Er, der aus Liebe zum Herrn einst sein Fischerboot und damit seine gesicherte Existenz hinter sich ließ, um sich kühn ins abenteuerliche Wagnis der Nachfolge zu stürzen, wurde sogar in der schicksalhaften Stunde der Verleugnung an seiner SPRACHE als Jünger und Weggefährte Jesu erkannt. Selbst in der Situation, da man Gott verleugnet, kann man aufgrund seiner SPRACHE nicht verleugnen, daß man zu ihm gehört.

Dann an Pfingsten, am Tag der zeugenhaft-bereiten Liebe, erkannten die Pilger in Jerusalem die Seinen auch an ihrer SPRACHE. Alle, die zuhörten, verstanden sie und verlangten, zu ihnen und zu IHM zu gehören. Deine Sprache verrät dich . . . wie oft schon machte ich dieses Schriftwort zur Ausgangsbasis meiner Gewissensforschung: Wessen Sprache rede ich? Darf ich Sie heute vielleicht auch einmal danach fragen, wessen Sprache Sie reden?

Arbeitspause im Betrieb. Wir sitzen in der Kantine beisammen. Ein Mitarbeiter fehlt. So wird alles, was man von ihm Negatives weiß, groß aufgetischt. Blasen wir da in das gleiche Horn? Oder nehmen wir den in Schutz, der sich nicht verteidigen kann?

Im Nachbarhaus ist ein »uneheliches Kind« unterwegs. Mache ich mir da die boshafte Geschwätzigkeit andrer zu eigen: »Von der hätte das niemand gedacht, ausgerechnet von der?« Oder verweise ich auf das Versäumnis, daß wir bisher diesem Fast-noch-Kind keinerlei Beachtung schenkten, geschweige denn Liebe?

Eine alte Frau stürzt auf der Straße. Ist das auch unser Kommentar: »Die Alte hätte halt besser daheim bleiben sollen«? Oder sagen wir den Umstehenden, wie einsam der Alltag eines älter werdenden Menschen sein kann, wie groß seine Sehnsucht nach Begegnungen am Straßenrand?

Erklären wir den Eltern, deren Sohn nicht mehr mit dem Leben fertig wurde: »Das ist das Resultat eurer Erziehung!« – oder versuchen wir zu verstehen und mit behutsamen Worten zu trösten? Schimpfen wir über die Schlechtigkeit der heutigen Jugend, oder geben wir ehrlich zu, daß wir selbst einst auch Fehler machten und immer noch machen? Leiern auch wir Tag für Tag die Litanei von Weltuntergang und Vernichtung herunter – oder wagen wir allen Unkenrufen zum Trotz von Gottes Liebe zu künden, von ihm, der seine Schöpfung in guten, treuen Händen hält? Wir müssen uns wohl fragen lassen, wir alle, ob uns andere an unserer Sprache erkennen können und durch unsere Sprache IHN, der die Liebe ist.

Emma Frey

Es klingelt

Wie von einer Hornisse gestochen spring ich zum Telefon. Der Frau, die mir gegenüber sitzt, murmle ich noch rasch zu: »Entschuldigen Sie bitte einen Moment!« Und hänge noch einen leisen Seufzer dran, damit sie auch bestimmt glaubt, daß mir diese Störung sehr peinlich ist.

»Hier Huberbauer. Endlich bekomme ich Sie einmal an die Strippe. Ich habe schon mindestens fünfmal versucht Sie zu erreichen, aber nie hat es geklappt. Waren Sie verreist oder krank oder sind Sie soviel unterwegs?« Ich zögere einen Moment. Soll ich Herrn Huberbauer erzählen, daß ich beim Einkaufen war, nachmittags einen Termin beim Arzt hatte und, da ich schon unterwegs war, noch einen Kranken besuchte? Soll ich im Ernst für den Anrufer die letzte Woche anhand meines Terminkalenders rekonstruieren? Das wird er wohl von mir nicht erwarten, aber so ein leiser Tadel, eine Spur von Gekränktheit und auch ein Hauch von Indiskretion schwingt da doch mit, wenn mir einer − glaubhaft oder nicht − versichert, er habe schon soundsooft vergeblich versucht, mich anzurufen: »Sie waren nicht da!« Ich fühle mich ertappt, ja fast schuldig, denn wenn man schon ein Telefon besitzt, dann hat man auch da zu sein.

Meine Besucherin, die ich so plötzlich in der Sitzecke wie ein Waisenkind zurückgelassen habe, wird unsicher. Sie will diskret das Zimmer verlassen, denn schließlich hat der Anrufer jetzt Vorrang. Man sieht ihr die Verlegenheit an, unfreiwilliger Zeuge eines vielleicht wichtigen und persönlichen Anrufes zu sein. Mit einer kurzen Handbewegung fordere ich sie zum Verweilen auf und verweise auf einige Zeitschriften, die auf dem Tisch liegen. Sie vertieft sich schließlich auch krampfhaft darin, um ein Bild der inneren Abwesenheit abzugeben.

Nach fünf Minuten ist das Gespräch zu Ende. Ich komme nicht

umhin, mich nochmals für die Störung zu entschuldigen. Und ich meine es ernst. Aber soll ich ihr nun erklären, daß das Telefonat im Augenblick wichtiger war als das Gespräch mit ihr? Oder, daß ich sie warten lassen mußte, um den Herrn am anderen Ende der Leitung nicht zu beleidigen?

Warum hat eigentlich das Telefon immer Vorrang? Wer hat uns das nur beigebracht, daß das Gespräch mit jenem, der bei mir klingelt, keinen Aufschub duldet, während dem Menschen neben mir ganz selbstverständlich zugemutet wird zu warten? Ab und zu kommt es mir vor, als hätte ich allen Grund, mich dafür zu entschuldigen, daß ich mich habe so dressieren lassen, daß ich bei jedem Klingeln renne und die Menschen um mich herum stehen lasse und damit zu zweitrangigen Personen zurückstufe. Der Anrufer ist immer sofort mitten drin, im Wohnzimmer, im Büro, beim Mittagstisch, beim Familiengespräch. Wer gibt ihm eigentlich das Recht dazu?

Und dann, mitten in der Nacht, schrillt das Telefon. Vor Aufregung bin ich sofort hellwach. »Entschuldigen Sie, aber ich kann nicht schlafen. Ich werde wieder von solchen Ängsten umgetrieben, Sie wissen schon. Sie haben mir doch vor einiger Zeit einen Zettel mit Ihrer Telefonnummer gegeben und gesagt: Für alle Fälle! Und da dachte ich . . .« — Es ist doch gut, daß es ein Telefon gibt, das Einsamen das Gefühl gibt, nach jemandem rufen zu können. Aber froh bin ich dennoch, daß das Telefon mit Bildschirm sich in unseren Wohnungen noch nicht einquartiert hat. Ungekämmt und unrasiert im Schlafanzug gebe ich nämlich keine besonders gute Figur ab. Doch vielleicht sollte ich tagsüber ab und zu ruhig das Telefon einmal klingeln lassen oder abstellen, um die Menschen, die mich sehen, zu ihrem Recht kommen zu lassen. Ich bin doch nicht jedem Rechenschaft schuldig, der mich mal vergeblich anklingelt?

Peter Hinsen

Reden ist Silber, Schweigen ist Gold!

Halt den Mund, und du kommst weiter! Möglich, daß man so im Betrieb weniger aneckt. Möglich, daß die höhere Stellung der leichter erhält, der es durchhält, dem Chef gegenüber die eigene Meinung zurückzuhalten. Aber ob ich davon wirklich Gewinn habe? Ob es für mich Gold bedeutet?

Sprichwörter haben es in sich. Sie klingen meist recht einleuchtend. Sie drücken eine gewisse Lebensklugheit aus in einer konkreten Situation. Aber sie sind kein allgemein gültiges Gesetz. Sie eignen sich nicht als ethische Norm.

Heute erkennen viele Menschen, daß sie im Dritten Reich nicht hätten schweigen dürfen, als Juden gebrandmarkt und Geistesschwache abgeholt wurden, als ganzen Völkern die Menschenwürde genommen und das Lebensrecht abgesprochen wurde. Schweigen war da gewiß nicht Gold, hat allerhöchstens vordergründig Ruhe gebracht, schafft heute aber ein unruhiges Gewissen.

Und hier liegt nicht nur ein Problem der Vergangenheitsbewältigung! Hochaktuell ist die Frage: mache ich mich schuldig durch Stillehalten oder muß ich reden? Darf ich schweigen, wenn es um die notwendigen Schritte zum Frieden geht, wenn die Praxis des Schwangerschaftsabbruchs durchleuchtet wird? Soll ich versuchen, ein böses Gerücht totzuschweigen? Oder muß ich Stellung nehmen: klärend, widersprechend, protestierend, Gutes redend?

Wer sich gegenwärtigen Fragen und Problemen ohne ideologische oder moralische Brille stellt, wird merken, daß manche Sprichwörter nicht genügen als Begründung für mein Verhalten. Wir brauchen eine tragfähigere Basis.

Jesus hat uns die »Liebe zum Nächsten« als Richtschnur und

Kriterium gegeben und vorgelebt. Daran können wir solche Sprichwörter und unser Verhalten überprüfen. Ich werde mich also nicht fragen: Bringt es mir etwas ein, beruhigt es vielleicht mein Gewissen, wenn ich rede oder schweige? – sondern: nützt oder schadet es meinem Nächsten?

Dann werde ich böse Gerüchte nicht weitersagen, vielmehr gegen Rufmord die Stimme erheben.

Dann werde ich zum Unrecht nicht schweigen, das einem angetan wird, der sich nicht wehren kann, und ich werde nicht ständig über ein Unrecht klagen, das mir angetan wurde.

Jesus fragt nicht nach Gold oder Silber für sich, sondern nach dem Willen seines Vaters für den Mitmenschen. Darum hat er auch dem Gegner, ja sogar dem Feind seine Liebe zugewandt.

Es geht wirklich nicht um Gold oder Silber, sondern darum, ob ich am anderen und vor Gott schuldig werde, indem ich ihm die Liebe verweigere. Das meint Jesus, wenn er sagt: »Was hülfe es dem Menschen, wenn er die ganze Welt gewänne und nähme doch Schaden an seiner Seele.«

Wilhelm Erhard

Sechs Richtige

Vor einigen Monaten kamen einige Mitarbeiter auf die Idee, gemeinsam Lotto zu spielen. Natürlich schloß ich mich an, eigentlich ohne lange zu überlegen. Wir hatten auch schon einen Dreier, einmal sogar einen Vierer. Das gibt einmal einen schönen Schoppenabend.

«Aber einmal kommt bestimmt der ganz große Wurf», diese Zuversicht wird fast jeden Montagmorgen erneuert, wenn wir uns nach erfolglosem Lotto-Wochenende über den Weg laufen. Manchmal habe ich fast Angst vor dem ganz großen Wurf, denn was geschieht dann? Über ein paar hundert Mark kann man sich schnell einigen, aber über Millionenbeträge? Die meisten Menschen streiten ums Geld.

Lieber Leser, Sie schütteln vielleicht den Kopf über solche Sorgen. Sechs Richtige, nach Möglichkeit noch für Sie allein, damit könnte man doch einiges machen. Da könnten Sie sich von Ihrem ewig nörgelnden Chef mit dem Gruß des »Götz von Berlichingen« verabschieden oder könnten eine längst erträumte Weltreise ohne − oder (wenn es nicht anders geht) auch mit − Ehepartner unternehmen, oder die in vielen Varianten geträumten Baupläne für ein geräumiges Haus verwirklichen oder endlich die große Freiheit in der weiten Welt genießen. Aber allein dieses »Oder« ist schon ein harter Brocken!

Ein paar Millionen Lottospieler geben wöchentlich ein kapitalkräftiges Votum für den Kapitalismus ab, oft gerade jene, die besonders unter dem Kapitalismus zu leiden haben, die aber ungeheure Hoffnung auf das Lottoglück setzen. Warum für den Kapitalismus? Weil hier arbeitsloses Einkommen und ungleiche Vermögensverteilung angestrebt wird. Da zeigt sich übrigens, daß auch unsere Landsleute in der DDR gar nicht so sozialistisch sind, denn bis heute ist es noch nicht gelungen, dort das Zahlenlotto abzuschaffen. Und das, obwohl die Wahrscheinlichkeit der so sehr ersehnten »sechs Richtigen« bei etwa 1 : 12 Millionen liegt (übrigens viel geringer als die Wahrscheinlichkeit, im Straßenverkehr tödlich zu verunglücken). Wöchentlich blühen die Träume vom »großen Geld« auf, weil es zum nahezu unbestrittenen Grunddogma unserer Zeit geworden ist, daß unbeschwerte Lebensfreude an die Voraussetzung »viel Geld« gebunden ist. Dabei kennt jeder Beispiele genug dafür, daß das nicht stimmt. Man muß manchmal nur etwas näher hinschauen.

»Du Narr, was nützt es Dir denn, wenn Du gewaltige Schätze aufhäufst. Du bist wirklich arm, wenn Du übersiehst, daß es Wichtigeres gibt«, sagt Jesus von Nazareth. Aber ihm glaubt man ja nicht. Ich bleibe in meiner Lottogemeinschaft, einfach aus Spaß, aber mit etwas Angst vor den »sechs Richtigen«. Doch wenn das große Geld käme, dann sollten es jene erhalten, die nicht einmal den Einsatz für das Lotto haben, sondern am Verhungern sind.

Peter Hinsen

»Ordnung muß sein...

. . . im kaufmännischen Berufsleben« – so lautet der Aufsatztitel
einer zu meiner Berufsschulzeit häufig vergebenen Strafarbeit bei
unterlassener Hausaufgabenanfertigung. Doch ist damit keineswegs nur eine typisch kaufmännische Verhaltensweise angesprochen: »Ordnung ist das halbe Leben« – so denken sicherlich viele,
obwohl sie wahrscheinlich auch nicht so recht wissen, ob dabei immer dessen erfreulichere Hälfte gemeint ist.

Überhaupt ist, wenn es um Ordnung unter uns Menschen geht,
keineswegs von vornherein gesagt, daß es sich dabei immer um etwas Gutes und Wertvolles handelt. Ein Wort wie »Hackordnung«
legt diesen Verdacht nahe, eines wie »Schlachtordnung« erhärtet
ihn. Auch werde ich die bedrückende Vermutung nicht los, daß die
Büros und Arbeitsplätze mancher Schreibtischtäter im Dritten
Reich immer einen ordentlichen Eindruck machten und die Depor-
tation und Vergasung von Juden in bester Ordnung vonstatten ging
– in Ordnung war das indessen nie, auch wenn es durch die damali-
ge staatliche Ordnung abgedeckt war.

Richtig unheimlich werden kann einem, wenn man bedenkt, was
der Mensch und seine Ordnung alles bewerkstelligen können und
wie vieldeutig und schillernd unsere Vorstellungen von Ordnung
doch eigentlich sind.

Orientierungshilfe in solcher Ratlosigkeit kann uns die Bibel bieten, allerdings mit dem Unterschied, daß sie nicht von menschlicher
Ordnung, sondern von der Ordnung spricht, die Gott errichtet hat
und erhält. Gemeint ist damit die Schöpfungsordnung, der Wechsel
von Tag und Nacht, Frost und Hitze, Saat und Ernte, aber auch die
Ordnung des Weltalls mit seinen Abermillionen Planeten. Und

wenn der Beter des 119. Psalms die Ordnungen der Gerechtigkeit Gottes preist, dann können sich Christen am Leben und Sterben Jesu von Nazareth klar machen, daß damit nicht Strafe und Vergeltung gemeint sind, sondern heilen und zurecht bringen. Gottes Ordnungen machen also Leben erst möglich und lebenswert, sie bedrohen und ängstigen nicht, sondern sie bieten Hilfe und Trost an: »Herr, wenn ich an deine ewigen Ordnungen denke, so werde ich getröstet« (Psalm 119,52).

Ob nicht unsere Vorstellungen von Ordnung, vom richtigen Sitz des Paradekissens an der Sofaecke bis zur Bekämpfung des Waldsterbens, entkrampfter und freundlicher würden, wenn wir zuerst einmal Gottes gute Ordnungen für uns gelten lassen und sie annehmen würden? Mag sein, daß wir gelassener, ruhiger und toleranter würden darüber, denn Gottes Ordnungen machen nicht so viele Unterschiede und Einteilungen wie unsere Ordnungen. Sie sind für alle da, für die Sympathischen wie die Unsympathischen, für die Kirchgänger wie die Sonntagsschläfer, für vorwärts drängende Utopisten wie resignierende Realisten. »Ordnung muß sein« – von Gottes Ordnungen läßt sich das tatsächlich und mit gutem Gewissen sagen, denn sie sind nicht nur das halbe, sondern das ganze Leben.

Manfred Horlebein

Ganz schön vollgestopft

Großes Lamento samstags im überfüllten Bäckerladen: vor den Regalen mit duftenden Brotsorten, knusprigen Hörnchen und Brötchen und leckerem Süßgebäck steht eine ältere Frau und ringt die Hände. Ihre gewohnte Brotsorte ist schon ausverkauft! Sie kann sich kaum beruhigen. »Was mache ich jetzt nur? Ach, hätte ich doch vorbestellt!«

Die Bäckerin empfiehlt das lange Mischbrot mit und ohne Kümmel, den schokoladenbraunen Rundlaib mit der Krachkruste, die französische weiße Stange. Doch nichts findet Gnade vor den Augen der enttäuschten Kundin. »Drei Brote hätte ich gebraucht, wir kriegen doch Besuch. Wenn ich jetzt welche mitbringe, die uns nicht schmecken, was soll ich damit dann anfangen?«

Um die jammernde Unentschlossene entsteht Unruhe. Und in mir rumort Empörung. Soweit ist es also gekommen in unserem überfütterten Wohlstands-Wunderland, daß die Familie der Bedauernswerten in allerhöchster Not die Wurst gar ohne Brot essen muß! Am liebsten hätte ich ihr zugerufen: Schämen Sie sich nicht? Sie haben doch Krieg und Nachkriegszeit mitgemacht – vor 40 Jahren hätten Sie von diesem Bäckerladen nicht mal zu träumen gewagt. Wenn Ihre Altersgruppe nicht herzlich froh ist über die üppige Auswahl heute – von wem sollen die nächsten beiden Generationen Bescheidenheit und Dankbarkeit lernen?

Im ersten Zorn soll man die Lippen stets schön verschlossen halten – zum Glück gelang mir das. Denn noch während die Unzufriedene mit einer Tasche voll »falschen Brotes« abzog, dämmerte mir: Ich hab's grad nötig, mich aufzuregen. An unserem Familientisch tafeln vier glückliche Wohlstandskinder, die Not nie kennengelernt haben, und stochern reihum im Essen. Einer pickt die Tomaten aus dem Salat, der andere verweigert Kartoffelbrei, dieser verschmäht grüne Bohnen, jener rührt Leberwurst nicht an. Die Gaumen wollen gekitzelt sein. Appetit wird als »Bärenhunger« ausgegeben; was nützt es schon, wenn ich den verwöhnten Naschkatzen gelegentlich die Meinung geige?

Es ändert sich nichts daran: wir alle haben uns wie selbstverständlich an den Überfluß gewöhnt. Bescheidenheit ist ein Wort, das wir allenfalls buchstabieren können. Zur frommen Bitte »Unser täglich Brot gib uns heute« haben wir keinen inneren Bezug mehr. Eigentlich müßten wir ehrlicherweise beim lieben Gott unser tägliches Steak, mindestens aber das Spezialbrot bestellen.

Sehr nachdenklich ging ich nach Hause. Bewußtsein schärfen, sensibel machen für unser unverdientes Glück der vollgestopften Bäuche – aber wie?

Eine Geste am Tisch von uns Reichen wäre fällig! Ich erinnerte mich an eine Bauersfrau, die ihr Brot mit dem Kreuzzeichen segnete, ehe sie es anschnitt: Das hatte mich vor Jahren sehr beeindruckt und ich nahm mir vor, diesen Brauch daheim einzuführen. Außerdem hängt an unserem Eßplatz nun das Foto von einem ausgemergelten schwarzen Kind, das seine Hand nach einer Schüssel Reis ausstreckt. Es schaut uns mit übergroßen Augen in die vollen Teller. Und wenn nun wieder einmal »Das mag ich nicht« auf dem Speisezettel steht, wird es uns daran erinnern, daß wir kein verbrieftes Recht aufs Sattwerden haben, daß wir eigentlich ehrlich teilen müßten und daß zumindest ein täglicher aufrichtiger Dank für Speis und Trank in Fülle angebracht ist.

Barbara Schmidt

Krankheit als Chance?

So – oder ähnlich – lautet ein Buchtitel. Er reizt mich zum Nachdenken.

»Krankheit als Weg«, oder »Krankheit als Chance« – ist dieser Gedanke nicht das krasse Gegenteil von allem, was wir so täglich an Krankheit erleben und erleiden? Seit ich selbst Krankheit am eigenen Leibe und in der Familie erfahren habe, weiß ich sehr genau, was ich sage, wenn ich zu einem Geburtstag mit Nachdruck »gute Gesundheit« wünsche, während ich das früher fast als Floskel gebrauchte, weil »man« das eben so wünscht. Aber plötzlich wird Gesundheit zu einem unschätzbaren Gut, zu einem Geschenk, für das man gar nicht dankbar genug sein kann. – Da merke ich, daß ich ja schon ganz dabei bin, etwas über die Chance, die Krankheit birgt, zu sagen. Sie lehrt mich, meine Gesundheit und Kraft nicht als eine Selbstverständlichkeit zu konsumieren, sondern sie bewußt zu genießen und verantwortlich mit ihr umzugehen. Plötzlich bin ich auch viel einfühlsamer mit Menschen, die schwach sind oder an einer schweren Krankheit leiden.

Für eine »kleine« vorübergehende Erkrankung, die uns nur für relativ kurze Zeit aus der Hektik des Alltags heraus holt, sollten wir – wenn die äußeren Umstände sich einigermaßen regeln lassen – direkt dankbar sein. Welch eine Chance! Endlich einmal in Ruhe ein Buch lesen, Musik hören, nachdenken können! Einer macht die Erfahrung: »Endlich merken ,die', wie wichtig und unentbehrlich ich auf meinem Platz bin!« – und ein andrer erlebt: »Ich bin ja gar nicht so unersetzlich wie ich immer dachte!« Da sind die Kinder, die sich auf einmal voll einsetzen; da sind die Eltern, da sind treue

Freunde, die ihre Hilfe anbieten; gibt es wohltuende Hilfseinrichtungen in unserer Gesellschaft. Ich bin hilflos und doch nicht ohne Hilfe; an's Geben gewöhnt, lerne ich auf einmal auch, was Nehmen heißt. So denke ich, kann die kleinste Knöchelverstauchung Sinnvoll für uns werden, wenn wir nur versuchen, sie auch von einer positiven Seite aus zu erfahren. Unser Körper – von der Psyche gelenkt? – kann ein wichtiger Lehrmeister für uns werden. Er zwingt uns innezuhalten, unsere Lebenspraxis zu überdenken und unter Umständen die Weichen neu zu stellen und neue Lebensgewohnheiten einzuüben.

Viel schwieriger ist das allerdings, wenn uns Krankheit überfällt, für die Heilung nur schwer zu erhoffen oder gar aussichtslos ist. Sicher mag auch hier etwas vom oben Gesagten gelten. Ich habe von schwer Krebskranken gehört, die eigentlich erst in der Auseinandersetzung mit ihrer Erkrankung begonnen haben, wirklich und voll zu leben. Aber uns normalerweise Gesunden stockt hier das Wort im Mund, denn ich glaube, daß mit so schweren Erkrankungen chancenhaft nur umgehen kann, wer es wagt, seinen eigenen Tod in's Auge zu fassen und anzunehmen. Wer akzeptiert, daß der Tod untrennbar mit dem Leben verbunden ist – was ja jede Mutter auch schon im Akt der Geburt eindrücklich erfahren kann – und zu jedem Menschen mit Sicherheit gehört, der kann vielleicht auch in einem ganz stark eingeschränkten Leben eine neue Qualität erfahren. Er lebt möglicherweise intensiver, ist dankbar für jeden neuen Tag, für jede blühende Blume, die leuchtet und duftet, für jede Zuwendung, die er erfährt. Er ist offen für die Auferstehungshoffnung der Christen und weiß mit instinktiver Sicherheit Wesentliches vom Unwesentlichen zu unterscheiden. Wer weiß, am Ende gewinnt er gerade aus dieser neuen Einstellung, die den Tod ins Leben einbezieht, die Kraft und die Chance, auch eine unheilbar scheinende Krankheit zu besiegen.

Ich habe von einem alten Indianer gelesen, der zu seinem Schüler sagte: »Der Tod ist der weiseste Ratgeber für uns Menschen.« Darüber sollten wir nachdenken.

Uta Hickmann

Familie

Brief an mein Kind

Lieber D . . .,

ich schreibe Dir heute einmal einen Brief. Du bist noch zu klein, um alles zu verstehen und ich – ich platze vor lauter Eindrücken und Erfahrungen, die ich als Dein Papa mit Dir sammeln darf. Vielleicht liest Du einmal später diese Zeilen. Ich hoffe, sie passen dann in Dein Bild von mir. Man weiß ja nie!

Am meisten faszinieren mich Deine Augen. Ich kann von ihnen lernen: sie sind rund, groß, offen und weit, neugierig und ständig auf Entdeckungsreise. Ich kann wirklich bis auf den Grund sehen. Deine Augen – ich schaue hinein und sehe Dich: Du weinst, wenn Dir was nicht paßt. Du strahlst wie ein König, wenn Du nach mehreren glücklosen Versuchen endlich mitten auf dem Küchentisch stehst. Du schaust mich groß und ungläubig an, wenn Du etwas nicht verstehst. Und Du kicherst wie ein Lachsack, wenn ich Dich kitzle und mich mit Dir auf dem Boden wälze. Wenn ich wissen will, was Freude ist, schaue ich in Deine Augen. Das ganze Leben kommt mir dann so klar vor – klar und entschlossen, so wie Du.

Natürlich, mein Kind, ich bin Dir überlegen, in fast allem, was es gibt. Nur eben nicht in dem, was Deine klaren großen Augen sagen. Du lehrst mich etwas, was ich vor lauter Hektik, Betriebsamkeit und Leistung vergessen habe. Ohne Deine Mutter und mich hättest Du ständig die Hosen voll, würdest verhungern – ohne Nahrung und ohne Liebe. Ohne Dich und Deine Altersgenossen würden wir Erwachsenen trotz unseres Könnens innerlich verhungern – nicht, weil wir zu wenig zu essen hätten, nein, sondern weil uns Phantasie, Spontaneität und Liebe fehlen würden.

Neulich drückte mir jemand eine Karte in die Hand mit der Aufschrift: »Kinder sind eine Brücke zum Himmel«. Sicher können das

Eltern nicht in jedem Alter ihrer Kinder sagen, aber grundsätzlich stimmt das. Gestern sagte mir ein »frisch geborener Vater«: So ein kleiner Zwerg, das ist einfach ein Wunder.« Was Ihr Kinder uns Erwachsene lehren könnt, das ist eigentlich ganz einfach: Freude. Sie ist bei Euch so unmittelbar, als ob Ihr an der Quelle sitzen würdet.

Ich muß unwillkürlich an Jesus und an seine Auferstehung denken. Er hatte Euch in sein Herz geschlossen und seine Jünger ermahnt, so zu werden wie Ihr. Ich glaube ganz fest, Jesus hat durch seine Auferstehung alle Ketten gesprengt: Ketten unseres Alltags, unserer Logik und unseres Könnens. Er hat uns zur Freude befreit. Ich bin sicher, auch wenn Du später größer, reifer und abgeklärter bist, wirst Du wissen, was ich meine − spätestens dann, wenn Du selber Kinder hast.

Dein Vater
Rainer Bergmann

Der Küchenstuhl

Seit Tagen hatte er versucht, es ihr zu erzählen. Immer wieder hatte er überlegt, wie er es am besten sagen solle. Jedes Mal, wenn er einen Ansatz machte, wandte sie sich ihm aufmerksam zu; fast hatte er das Gefühl, sie läse ihm jedes Wort vom Mund ab. Nein, er war sich ganz sicher, sie erahnte bereits die Worte, die er sich erst mühevoll und in Gedanken zusammensetzte. Das machte die ganze Geschichte ja so schwierig. Schon immer war sie eine teilnahmsvolle und aufmerksame Gesprächspartnerin gewesen. Erst gestern nachmittag in den bequemen Sesseln im Wohnzimmer bei Apfelkuchen und Radiomusik – er hatte es sich doch so fest vorgenommen – war er gescheitert. Vielleicht war er bereits ein wenig böse mit ihr und mit sich, gerade weil sie immer gleich auf ihn einging und ihn mit ihrer Zuwendung zum Reden bewegen wollte.

Und dann ging es auf einmal ganz einfach. Plötzlich ergab sich die Gelegenheit, als sie in der Küche stand und die Gurken schälte. Er hockte sich auf den Küchenstuhl dicht neben sie und begann. Da sie bei seinen ersten Worten nicht aufschauen konnte, redete er weiter und weiter, erst stockend dann immer fließender. Nie hätte er geglaubt, daß eine solche Situation helfen könnte. Sie schälte noch die Möhren, dann die Kartoffeln und gleich für den nächsten Tag, und sie wußte, daß sie jetzt nur zuhören durfte.

Hier endet die kleine Episode um den Küchenstuhl. Vieles bleibt unerklärt. Wir wissen nicht, welche schwierigen Worte zu sagen waren.

War »Er«, auf dem Küchenstuhl kniend, ein kleiner Bub, der der Mutter seit Tagen berichten mußte, daß er die jungen Kätzchen (in diesem Frühjahr waren es wieder fünf gewesen) versteckt hatte, damit die Mutter sie nicht verschenken konnte?

Hatte »Er«, am Küchenstuhl angelehnt, seit Tagen in der Frühe das Haus verlassen und die Zeit totgeschlagen, weil er nicht den Mut fand, seiner Frau von der Entlassung aus der Firma und der zu erwartenden Arbeitslosigkeit zu berichten?

Glaubte »Er«, an der Lehne des Küchenstuhls aufgerichtet, seine erwachsene Tochter zu enttäuschen, als er einige Zeit nach dem Tod ihrer Mutter wieder eine Frau gefunden hatte?

Alle hatten den Küchenstuhl genutzt!

Geht es uns nicht auch hin und wieder so? Wir erleben Momente, in denen wir meinen, nicht die richtigen Worte finden zu können. Auch dann oder gerade dann, wenn unser Gegenüber ein vertrauter und liebevoller Gesprächspartner ist, der uns besonders nahe steht.

Im Lauf der Jahre wurde der Küchenstuhl in unserer Familie so etwas wie eine Institution. Mal war er Thron, als das gute Zeugnis heimgebracht wurde, ein anderes Mal wurde er zur Anklagebank. Er konnte Rastplatz, aber auch Beichtstuhl sein.

Oft gab er uns die Möglichkeit, uns zu öffnen, über das zu sprechen, was uns bewegte, war eine Chance zum Anfang einer tiefen Gemeinschaft.

Gott hat in seinem Haus für jeden einen Küchenstuhl bereitgestellt!

Petra Giesbert Isselhorst

Der Sonntag

Draußen wird es schon langsam hell. Sie dreht sich noch einmal auf die andere Seite. Vielleicht noch ein Viertelstündchen. Wie schön das ist am Wochenende. Er schläft tief. »Eigentlich könnte er heute, am Sonntag, einmal Frühstück machen. Es ist gar nicht so viel Arbeit. Das Wasser auf die Kochplatte stellen, den Tisch decken, den Toaster bedienen, den Kaffee filtern. Alles nur Kleinigkeiten. Wochentags bin sowieso immer ich dran. Warum eigentlich auch am Sonntag?«

Wochentags, wenn der Wecker rasselt, aufstehen, Frühstückstisch richten, die Kinder wecken, die Pausenbrote vorbereiten, den Hund versorgen, die Kinder aus dem Haus bringen und dann selbst pünktlich vor Schulbeginn eintreffen.

Halb fragend, halb bittend, nach vorsichtigem Räuspern, meint sie: „Machst Du heute mal Frühstück?« Er räkelt sich, brummt vor sich hin und reibt sich die Augen. »Einmal«, so denkt er, »wenn ich länger schlafen könnte, weckt sie mich. Sie weiß ganz genau, wie spät es gestern wurde. Da könnte sie doch heute, am Sonntag Rücksicht nehmen.«

Er richtet sich auf, sitzt eine Minute auf dem Bettrand und sagt: »Dir zuliebe!« Dann schlurft er in die Küche. Die Teller klappern und der Kaffee duftet. Es ist ein schönes Gefühl, sich einmal an einen gedeckten Tisch zu setzen.

Nach der Kirche macht er seinen Frühschoppen. Es geht um die Flurbereinigung. Inzwischen hat sie etwas Besonderes gebraten. Es gibt Truthahn mit Kastanien und Äpfeln gefüllt. Pünktlich um 12 Uhr ist das Essen fertig. Auch die Kinder sitzen schon hungrig auf ihren Plätzen. »Wo bleibt er nur?«, denkt sie. Die Kinder werden ungeduldig. Sie hat jetzt richtig Wut auf ihn. Sie fährt die Kinder an, die zu streiten beginnen. Sie geht ans Telefon, überlegt, ob sie im Gasthof anrufen soll. Sie hält den Hörer schon in der Hand. Da riecht es angebrannt aus der Küche. Herrschaft, der Truthahn! Sie öffnet die Bratröhre. Die Oberseite des knusprigen Bratens ist angeschwärzt, außerdem raucht es mächtig. Sie reißt die Fenster auf. Dann schneidet sie die leicht verkohlten Stellen weg. Sie verbrennt sich die Finger an der heißen Bratenschüssel. Sie weint ein wenig, als sie sich zu den Kindern an den Tisch setzt und zu essen beginnt.

Der Kleinste schiebt den Teller zur Seite und sagt: »Es schmeckt nach Rauch.« »Das ist Einbildung«, meint sie. »Aber es schmeckt trotzdem nach Rauch!« »Ihr müßt ihn ja nicht essen.«

Auch sie hat keinen Appetit mehr. Die Kinder stehen vom Tisch auf. Der Truthahnbraten liegt fast unberührt vor ihr auf dem Tisch. Am liebsten würde sie den Braten aus dem Fenster schmeißen. Um halb zwei geht die Tür. Er kommt nach Hause. Er hat einen erhitzten Kopf. Ausgerechnet sein schönes Bauerwartungsland wollen sie in die Flurbereinigung einbeziehen, diese Dickschädel. Warum überhaupt Flurbereinigung, es gibt doch gar keine Bauern mehr.

Jetzt fällt ihm ein, daß er um 12 Uhr zu Hause sein wollte. Aber sie wird schon Verständnis haben, wo es um Bauland geht. Sie hat kein Verständnis. Sie redet nichts. Er redet nichts. Es geschieht nichts. Der Sonntag endet mit verbittertem Schweigen.

Am Montagabend kommt er heim. Die Kinder erwarten ihn an der Haustüre. »Du hast versprochen«, sagt der Älteste, »heute mit uns Fußball zu spielen.« »Es geht nicht!« »Warum nicht?« »Es geht einfach nicht, basta.«

Die Badezimmertür kracht ins Schloß. Welche Wohltat, jetzt die heiße Dusche. Mehr denkt er nicht. Danach fühlt er sich besser. Als die Kinder im Bett sind, geht sie auf ihn zu: »Komm reden wir zusammen!« »Wer redet, bleibt am Leben«, meint er.

Kurt Hock

Alleinerziehende Mutter – am Sonntag

Morgen ist wieder Sonntag, ein Tag vor dem viele Angst haben. Wer sich in seiner Familie wohlfühlt oder gute Freunde hat, für den ist der Sonntag kein Problem. Im Gegenteil, er freut sich darauf. Aber ich denke an die vielen alleinerziehenden Mütter. Wenn sie am Sonntag die Familien spazierengehen sehen, dann fängt die Wunde, die durch Tod oder Scheidung gerissen wurde, wieder an zu bluten. Und da kommt der ganze Frust, der die Woche über hinabgeschluckt wurde, hoch.

Frau N.: »Ich hätte auch gern mal jemanden, der mich begleitet und beschützt. Wenn ich auf die Nase falle, muß ich immer alleine wieder aufstehen und noch zwei Kinder mit hochziehen. Und vor den Kindern heulen mag ich auch nicht. Ich habe Angst, daß sie es nicht verstehen würden. Ich meine eben, zu zweit ließe sich manches besser bewältigen als allein. Es gibt doch viele Leute, die glauben, weil ich allein bin und zwei Kinder habe, dürfte ich mich überhaupt nicht mucksen, sondern müsse alles schlucken.«

Eine Frau, allein mit Kindern, wo soll sie am Sonntag schon hin? Frau R. erzählt: »Am letzten Sonntag hatte ich mich so sehr darauf gefreut, mit den Kindern zu frühstücken und dabei zu erzählen, so ganz in Ruhe. Aber sie hatten schon gleich am Morgen etwas vor. Als sie weg waren, kam ich mir ganz blöd, allein und verlassen vor. Ich meine immer, gerade am Wochenende muß ich für die Kinder da sein, da ich sonst wegen meines Berufes wenig Zeit für sie habe. Aber nun, wie soll ich so auf die Schnelle noch mit jemand eine Verabredung treffen? Da tut sich das tiefe Sonntagsloch auf. – Manchesmal fühle ich mich wie eine Zahlmutter: Mutti, kannst Du mir Geld geben fürs Kino? Mein Taschengeld reicht nicht. Mutti, ich brauche neue Strümpfe. Mutti, was glaubst Du denn, wie lange ich die alten Hosen noch tragen soll? Andere Kinder kriegen gleich drei Hosen auf einmal von ihren Eltern.«

Obwohl es – leider Gottes – soviele Scheidungen gibt, hat eine Frau ohne Mann mit Kindern nur ein geringes Ansehen. Eine Witwe wird noch akzeptiert, aber eine Frau mit Kindern, geschieden oder ledig, sie muß immer noch mit dem versteckten Urteil rechnen: Die Frau ist gescheitert, die konnte den Mann nicht halten. Für Frauen mit kleinen Kindern ist es meist sehr schwer, einen echten Partner zu finden: »Immer wenn ein Mann erfährt, daß ich Kinder habe, ist es aus. Da bin ich plötzlich uninteressant. Für frivole Abenteuer würde ich viele Männer finden, aber ich suche doch mehr.« Ich frage mich, wie sich dieses Sonntagsloch ausfüllen ließe. Eine Mutter sagte: »Die Sprüche, daß man eben zu seiner Situation und zu seinen Kindern stehen müsse, kommen doch nur von Leuten, die keine Ahnung haben.« Was also dann? Natürlich ist es für mich als Priester naheliegend zu fragen: Bietet sich nicht gerade der Sonntag dafür an, dieses Loch durch eine Begegnung mit Gott auszufüllen? Das tun auch viele, aber wahrscheinlich gelingt dies leichter, wenn zuvor eine Begegnung mit Menschen geglückt ist.

In manchen Städten gibt es Kreise von alleinerziehenden Müttern. Da können Frauen mit und ohne ihre Kinder gesellige Stunden erleben, Sonntagnachmittage gestalten und sich gegenseitig stützen. Und vielleicht könnte manche „komplette" Familie am Sonntag den Garten oder das Haus auch einmal für eine solche Frau öffnen.

Peter Hinsen

Ganz die Mama, ganz der Papa . . .

Stolz zeigen mir die Eltern das Neugeborene beim Taufgespräch. Auf der Straße bleibe ich stehen, schaue in den Kinderwagen und sehe mir zum ersten Mal den langersehnten Nachwuchs an.

Ich blicke zum Vater, ich blicke zur Mutter und vergleiche: »Na, wem sieht es denn ähnlich?« »Die großen Augen sind von der Mama; die klassische Nase vom Papa.« »Nein, er sieht meinem Bruder ähnlich.« »Ich denke, die Ohren hat sie von ihrer Tante.«

Eigentlich ärgere ich mich über solche Gespräche. Was soll's! Die jungen Eltern beteiligen sich oft nur verlegen und höflich, geben spärlich Auskunft über die Ansichten aus der Familie, die meist noch viel weiter auseinandergehen. Und dann erinnere ich mich noch an die Zeit vor ein paar Jahren, als ich mich, selbst frisch gebackener Vater, nur zwiespältig an solchen Vergleichsspekulationen beteiligt habe.

Ist das nicht einfach u n s e r Kind? Keine Miniaturnachbildung von anderen? Hoffentlich nicht nur der Vater, nicht nur die Mutter oder der Opa, etc., sondern ein neues Geschöpf! Hoffentlich unverwechselbar es selber. Sicher eingebunden in eine Geschichte. Warum will ich es festlegen? Selber kann es sich noch nicht wehren! Und der heranwachsende Mensch wird alle Festlegungen und Vergleiche als Zwang von sich abzuschütteln versuchen. Der Junge, der lange genug erzählt bekommt, er sei genau so unsportlich wie sein Vater, wird sich wenig animiert fühlen, sein Image zu durchbrechen. Und das Mädchen, das immer wieder hört, es sei ganz und gar die Tante, die eben immer zur Fülle neigte, wird es erst recht schwer haben, der Vorliebe für Süßes zu widerstehen. Das kann fatal werden!

Warum legen wir Menschen von der Wiege an fest?

Dabei könnten wir viel mehr Freude haben und Freude verbreiten, wenn wir einfach staunen über dieses Geschöpf, das da klein und hilflos – und doch so ganz ein eigenes Wesen – vor uns in den Kissen liegt.

Wir werden mehr frohe Gesichter sehen, und dankbare Herzen werden sich uns zuwenden, wenn wir die heranwachsenden Kinder ihre Eigenart entfalten und finden lassen. Dieses Rezept ist wohl auch noch bei Erwachsenen wirksam!

Ein herrliches Geschöpf, eine eigene Persönlichkeit, ein neuer Mensch; nicht »ganz die Mama!«, sondern ganz es selber, ein Geschöpf Gottes.

Es gibt nur e i n Image, das nicht einengt auf fremde Leitbilder und mich nicht zum Abklatsch werden läßt: Dem »Image Gottes« zu entsprechen, ein »Ebenbild (= lat.: image) Gottes« zu sein, zielt nicht auf Abklatsch; es umschreibt vielmehr einen Auftrag, eine Herausforderung, die uns Zeit unseres Lebens gegeben ist.

Damit bin ich auf meine Eigenart angesprochen und auf meine Verantwortung, Mensch zu sein! Ich muß nicht Opa oder Tante sein, nicht stark wie Muhammed Ali oder reaktionsschnell wie Boris Becker, sondern ich darf die Gaben und Fähigkeiten entdecken, die Gott in mich gesetzt hat, um seiner Liebe in dieser Welt zum Durchbruch zu verhelfen.

Wilhelm Erhard

Seltsamer Ersatz

»Es gibt Tage, da wünscht' ich, ich wär mein Hund . . .«, so die Titelzeile eines Songs aus Feder und Kehle des Barden Reinhard May, ein Song, der zum Nachdenken reizt.

Der Satz ist nicht nur Gag, nicht nur Witz mit satirischem Touch, schon eher Stoßseufzer eines Menschen, den Situationszwänge quälen. Man hört aus ihm ein wenig den Neid auf die Kreatur, die es mit ihrer Domestikation seit Jahrtausenden geschafft hat, einen verläßlichen Platz unter den Menschen zu erobern, Menschen überflüssig zu machen, über den Verlust von Menschen hinwegzutrösten, Menschen buchstäblich zu ersetzen.

Freunde, was halten wir noch vom Menschen . . .! Das frage ich Dich, lieber Tierfreund, Hundeliebhaber, der Du Deinen Zuhörern glaubhaft machst, wie gut Dich Dein Hund versteht, welch ein Ausbund von Intelligenz und Verständnis ausgerechnet Dein Hund ist (den Du Dir mit tollen Tricks zurechtdressiert hast). – Das frage ich Euch, liebe Wohlstands-Eheleute mit dem Renommierkind, die Ihr Eurem Kinde einen Hund als Spielgefährten schenkt, damit es sich nicht nach einem Geschwisterchen sehnen muß (»Seht nur, wie lieb der Freddi mit dem Setter spielt!«); außerdem ist's bequemer; dem Tier kann man den eigenen Willen abgewöhnen und hat dann seine Ruhe. – Und ihr lieben Alt- und Einsamgewordenen, wo sind um Himmelswillen die Menschen geblieben, die einmal um Euch waren? Nun ist ein Hund Euer einziger Geselle abendlicher Stunden.

Kein Wort gegen Tierfreunde, Tierschützer, Tierpfleger! Sie stehen im Wort »Machet euch die Erde untertan« und erfüllen es hervorragend. Aber niemand disputiert die Trauer weg, die über uns herfallen müßte, wenn man sieht, wie mehr und mehr eine Rangordnung in der belebten Schöpfung umgedreht wird und die Bereiche zunehmen, in denen Apparat, Maschine, Mammon und nicht selten auch das Tier vor dem Menschen rangieren.

Was halten wir überhaupt vom Menschen? Auch wir Christen? Sie waren doch nicht nur Träumer, die Denker, die Mystiker, die großen Liebenden, die in den Jahrtausenden unserer Geschichte über den Menschen nachdachten und die menschliche Natur für so erhaben hielten, daß sie die Inkarnation des Göttlichen in der menschlichen Sphäre für möglich ansahen, ja für wünschenswert erachteten, ja an diese bereits geschichtlich gewordene Inkarnation mit glühendem Herzen glaubten.

Der niedlichste Hund bleibt Tier. Der kleinste Mensch aber ist immer ganzer Mensch, auch wenn er ein Hallodri ist oder einer, der es schwer hat mit Gesellschaft und Gesetz, oder wenn er noch Kind und mit seiner kleinen Rotznase noch nicht fertig geworden ist. Mensch – einmalig, nicht austauschbar; ein Wesen, das wirklich versteht, wirklich lieben kann, glücklich machen kann und selber glücklich wird durch die Liebe, die es empfängt. Wann lernen wir es wieder, den Menschen menschlich anzuschauen? Vielleicht dann, wenn die Künstler wieder gelernt haben, ihren menschlichen Abbildern ein menschliches Antlitz zu geben?

Karl Böhm

Die Familie ist tot — es lebe die Familie!

Flatterte uns kürzlich eine Information ins Haus, um die es schade wäre, geriete sie ins Abseits der toten Winkel unserer Journale oder an den äußersten Rand der aktuellen Berichterstattung — man kann nie wissen, ob eine Nachricht dieser Art den Meinungsmachern ins Konzept paßt.

Eine hochoffizielle Instanz, das badenwürttembergische Ministerium für Arbeit, Gesundheit, Familie und Sozialordnung hat sich per Meinungsumfrage bei mehr als 2000 Bürgern umgetan und sie zu ihren Ansichten in Sachen »bundesdeutscher Familie« befragt. Der Abschlußbericht bringt interessante Einzelheiten und darunter manche, die des Nachdenkens wert sind.

Da ist die Rede davon, daß »Schichten und Generationen in vielen Anschauungen getrennt sind« — war das jemals anders? —, daß sie jedoch »geeint sind in der Forderung, keine Abkehr, sondern eine Rückbesinnung auf die Familie einzuleiten«. Dann gibt der Bericht die gestelzte Sprache auf und wird konkret. Als erste Bedingung gesellschaftlicher Lebensqualität gelte — so der Bericht — bei der Mehrzahl der Befragten »eine harmonische, funktionsfähige Familie«. Erst an zweiter und dritter Stelle werden »unberührte Natur« und »gute Bildungs-Chancen« genannt. Einen weitaus geringeren Stellenwert »für das Glück einer Gesellschaft« haben nach der Meinung der Mehrzahl der Befragten »ein hohes Niveau von Technik und Forschung« und »ein rascher sozialer Wandel«. Erstaunliche Aussagen in unserer Gegenwart, in der jeder zum heillosen Reaktionär erklärt wird, der meint, gesellschaftliche Entwicklungen sollten organisch verlaufen und nicht mit Hektik vorangetrieben werden. Erstaunlich sind diese Aussagen auch an

Tagen, an denen die Nachrichtendienste vor Begeisterung über ein geglücktes Challenger-Unternehmen um die eigene Achse rotieren.

Nun steckt jedoch bekanntlich der Teufel im Detail. Auch bei der Befragung im Schwabenlande.

62 Prozent der Befragten halten die Harmonie und die Funktionsfähigkeit der Familie für »wesentliche Voraussetzungen der Zufriedenheit einer Gesellschaft«, – aber nur 19 Prozent glauben daran, daß die bundesdeutsche Familie diese Harmonie und Funktionsfähigkeit besitzt!

Wie das denn? Wenn die Befragten recht haben, was ist dann mit uns Eheleuten, Familienvätern und Müttern los? Wird es dann nicht höchste Zeit, sich um Harmonie und Funktionsfähigkeit der Familie ernsthaft zu bemühen? Ihr lieben Väter, Mütter, Politiker, Soziologen, Psychologen?

Wir haben doch wunderschöne, wissenschaftlich gesicherte Programme und Rezepte, darunter viele sehr gescheite. Wieso klappt dann die Praxis so schlecht?

Eine unmodern gewordene, aber höchst aktuelle praktische Handreichung für den ganzen Problemkreis »Du und die anderen« steht möglicherweise in ihrem Bücherschrank: Die ersten acht Verse des 13. Kapitels im 1. Brief des Apostels Paulus an die Gläubigen und an die Schickeria von Korinth, etwa 1900 Jahre alt. Nur eine kleine Kostprobe: »Die Liebe ist gütig, langmütig, sie eifert nicht, sie prahlt nicht, sie bläht sich nicht auf . . .«

Man müßte sich die Zeit nehmen, diese acht Verse wieder einmal aufmerksam zu lesen. Oder wissen Sie eine bessere »Handreichung«?

Karl Böhm

Jedem Kind ein Zuhause

Nahezu unbeachtet geht Jahr für Jahr der Weltkindertag des Kinderhilfswerkes der Vereinten Nationen (Unicef) vorüber. Acht Millionen Straßenkinder leben in den Elendsvierteln der Millionenstädte in den Ländern der Dritten Welt. Oftmals von den Eltern der Armut wegen auf die Straße gejagt, sind sie gezwungen, durch Betteln, Diebstahl, Betrügereien, freie käufliche Liebe oder Kriminalität sich Geld zu beschaffen.

Unicef versucht durch seine Hilfsmaßnahmen einerseits, die manchmal noch vorhandenen Kontakte zur Familie zu stabilisieren und andererseits Kindertagesstätten, Jugendzentren, Beratungsstellen und Ausbildungsstätten zu errichten. Die Durchsetzung dieser Hilfsprogramme bleibt ein Wettlauf mit der Zeit. Noch immer sterben täglich 40 000 Kinder auf unserer Erde, weil sie nicht das Allernötigste wie Nahrung, Kleidung und Heimat zum Leben haben. Die Nahrungsmittel sind Grundvoraussetzung zum Leben. Die Heimat als Erfahrungsfeld für Zuwendung, Geborgenheit, Fürsorge und Einübungsfeld für soziales Verhalten macht das Leben erst lebenswert und menschenwürdig. Lernort für humanitäres Verhalten ist und bleibt die Familie.

Übrigens auch bei uns. Wichtigste Aufgabe im Umgang mit Kindern ist und bleibt die Vermittlung der menschlichen Grundwerte und der religiösen Einstellung im Elternhaus. Darum sind wir zu einem doppelten Engagement aufgerufen: Sorge zu tragen für die Beheimatung unserer Kinder und praktische Solidarität zu üben mit den acht Millionen heimatlosen Kindern auf der Straße. Sind wir bereit, hierfür materielle und ideelle Opfer zu bringen? Manchmal möchte ich das bezweifeln, wenn ich nur an die vielen Bestrebungen denke, unseren Lebensstandard zu steigern und zu sichern. Beides verhindert weitgehend soziales Verhalten und religiöses Engagement. Diese überall verbreitete Einstellung tritt dann und wann in eklatanter Weise zutage, wenn Geschäftemacherei, Profitgier und Rekordsucht getarnt werden mit scheinbar sozialem Engagement.

Einem Zeitungsbericht zufolge scheint dies bei der »heißen Schlacht um die kalte Pizza in Kleinostheim« der Fall gewesen zu sein. Um ins Guiness-Buch der Weltrekorde zu kommen, stellte ein Neapolitaner eine Riesenpizza mit einem Durchmesser von 26, 73 Metern her. Dazu verwendete er 1000 Liter Tomatensoße, 1 Million Scheiben Champignons, 16 Millionen Flocken Käse und 100 000 Scheiben Salami. Die weithin ungenießbar und für den Müll bestimmte Mammutpizza sollte zum Verzehr angeboten werden, der Erlös denen zugute kommen, die sich sonst nie sattessen können.

Solche fragwürdigen Wohltätigkeitsveranstaltungen sind wohl kaum geeignet, den Notleidenden zu helfen. Wer wirksam helfen will, muß bereit sein, umzudenken und sein Verhalten zu ändern. Nächstenliebe setzt den festen Willen voraus, das eigene Leben mit anderen zu teilen. Anders haben unsere und die acht Millionen Kinder auf der Straße keine Chance.

Heinz F. Peschke

Autorenverzeichnis

Rosemarie Becker, Religionslehrerin, Elsenfeld (kath.)
Rainer Bergmann, KAB-Sekretär, Goldbach (kath.)
Karl Böhm, Schulamtsdirektor a.D., Erlenbach (kath.)
Karlheinz Buhleier, Pfarrer, Alzenau (kath.)
Matthias Doll OFMCap, Betriebsseelsorger, Aschaffenburg (kath.)
Irmes Eberth, Hausfrau u. Mundartdichterin, Aschaffenburg (kath.)
Norbert Ehrler, Diakon, Straßbessenbach (kath.)
Wilhelm Erhard, Pfarrer, Miltenberg (ev.)
Hayo Everts, Ingenieur, Alzenau-Hörstein (ev.)
Emma Frey, Referentin für Seniorenbildung i.R.,
  Aschaffenburg (kath.)
Hans-Geerd Fröhlich, Pfarrer i.R., Kirchzell-Buch (ev.)
Eckart Galler, Pfarrer, Großostheim (ev.)
Petra Giesbert-Isselhorst, Diplom-Pädagogin, Mömbris (ev.)
Arnold Hartlaub SAC, Pfarrer, St. Agatha Aschaffenburg (kath.)
Peter Hinsen SAC, Rektor des Martinushauses Aschaffenburg,
  ab 1986 Referent für Gemeindepastoral und -katechese der
  Diözese Augsburg (kath.)
Uta Hickmann, Hausfrau, Mitglied der Evang.-Luth. Landessynode
  in Bayern, Amorbach (ev.)
Dr. Kurt Hock, Schriftsteller, Unternehmer, Johannesberg (kath.)
Dr. Manfred Horlebein, Akademischer Oberrat,
  Kleinwallstadt-Hofstetten (ev.)
Dr. Axel Horn, Oberstudienrat, Dessauer-Gymnasium
  Aschaffenburg (kath.)
Dr. Bruno Hügel, Oberstudienrat, Dessauer-Gymnasium
  Aschaffenburg (kath.)
Wolfgang Keim, Oberstudienrat, Dessauer-Gymnasium
  Aschaffenburg (kath.)
Ernst von Kietzell, Oberstudienrat, Kronberg-Gymnasium
  Aschaffenburg (kath.)
Jürgen Lenssen, Pfarrer, Glattbach (kath.)

Friedrich Löblein, Dekan, Aschaffenburg (ev.)
Stefan Mai, Kaplan, Herz-Jesu Aschaffenburg (kath.)
Dr. h.c. Karl-Alfred Odin, Redakteur der FAZ Frankfurt,
  Alzenau-Wasserlos (ev.)
Josef Otter, Pfarrer, St. Kilian Aschaffenburg (kath.)
Heinz-Friedrich Peschke, Pfarrer, St. Paulus Aschaffenburg (ev.)
Christoph Plagwitz, Oberstudienrat, Spessart-Gymnasium Alzenau (ev.)
Robert Rüster, Pfarrer, Kleinwallstadt-Hofstetten (ev.)
Barbara Schmidt, Journalistin, Elsenfeld (ev.)
Helga Schnabel, Verwaltungsangestellte, Alzenau (ev.)
Winfried Seifert, Pfarrer, Wiesen/Spessart (kath.)
Peter Spielmann, Oberstudienrat, Julius-Echter-Gymnasium
  Elsenfeld (kath.)
Carola Weller, Gemeindereferentin, Alzenau (kath.)